rororo

rororo

Vanessa Vu
Ahmad Katlesh

Komm dahin, wo es still ist

Eine Erkundung

Mit Übersetzungen aus dem Arabischen
von Günther Orth

ROWOHLT TASCHENBUCH VERLAG

2. Auflage Juni 2024
Originalausgabe
Veröffentlicht im Rowohlt Taschenbuch Verlag, Hamburg, Juni 2024

Redaktion Marie Krutmann

Covergestaltung zero-media.net, München
Coverabbildung FinePic®, München; Sonia R. Brandt Oppenheim
Illustration auf dem Cover von Hannah Brandt
Satz Minion Pro bei Dörlemann Satz, Lemförde
Druck und Bindung CPI books GmbH, Leck
ISBN 978-3-499-01497-0

An unsere Mütter يُسرى und Hằng und alle Menschen, die zuhören, auch wenn sie nicht sofort verstehen.

Dies ist die Geschichte einer Annäherung von zwei Menschen, die in Deutschland sind, obwohl sie nicht hier sein sollten, und die sich nicht verstehen können, es aber unbedingt wollen. Also wühlen sie sich durch verschüttete, wiederkehrende und nicht vorhandene Erinnerungen, packen sie in E-Mails – er auf Arabisch, sie auf Deutsch mit vietnamesischen Sprenkeln – und jagen sie durch Übersetzungsprogramme. Es ist eine Geschichte von Brüchen und Brücken. Von Aufstieg und Absturz. Von der Unmöglichkeit, über Gewalt zu sprechen. Von Ängsten, Computerspielen und Geistern. Und vielleicht, eigentlich, am Ende: auch eine Liebesgeschichte.

Parallele Erinnerungen
Dezember 2021

Lieber Ahmad,

ich schreibe dir aus meinem früheren Kinderzimmer, seit über zehn Jahren steht hier die Zeit still. Bei jedem Besuch wollte ich aufräumen: unnützes Zeug wegwerfen, peinliche Relikte meines früheren Ichs beseitigen, nur noch einige wenige Erinnerungen inszenieren. Irgendwie war ich aber immer zu faul und heute freue ich mich insgeheim, an diesem abgeschiedenen Ort eine unverrückbare Logik des Lebens ausgetrickst zu haben: dass alles immer irgendwie weitergehen muss. Doch hier ging nichts weiter. Mit jedem Jahr staune ich mehr über das Leben, das ich hinter mir gelassen habe. Über Details, die ich längst vergessen habe.

Gerade vermisse ich dich aber einfach nur. Obwohl wir erst wenige Tage zusammen verbracht haben, hat es was Unnatürliches, Kaltes, so weit weg von dir zu sein. Meine Eltern haben alle Heizungen im Haus aufgedreht, es ist wahrscheinlich ihre Art, uns erwachsene Kinder in die Arme zu nehmen. Normalerweise sitzen wir die meiste Zeit im Wohnzimmer mit einigen Zentimetern Abstand nebeneinander, jeder an einem Bildschirm, jeder mit einer Tasse Husten- oder Kamillentee. Dieses Jahr servierte meine Mutter Chrysanthementee und damit ein neues Gesprächsthema.

Jetzt haben sich aber alle in ihre Zimmer zurückgezogen und zur allgemeinen Einsamkeit gesellte sich eine Leere, an der auch eine glühende Heizung nichts ändern kann. Es ist fast wie früher, als ich oft allein am Schreibtisch saß und mich durchs Schreiben in andere Welten rettete. Irgendwann kam das Internet und ich fand Unbekannte, die mir antworteten. Weißt du, wo ich mich am meisten rumtrieb? Mein liebster Ort war die Kommentarspalte großer Nachrichtenseiten, dort stritt ich hinter Nicknamen versteckt über Tages- und Weltpolitik und testete aus reiner Freude am Schlagabtausch abstruse Argumente. Ich füllte auch Blogs und chattete mit Fremden, bis sie nach einem Treffen oder einem Telefonat fragten. Das wiederum wollte ich nie.

Es war nicht so, dass ich etwas zu verbergen hatte. Ich erfand keine neuen Charaktere oder Biografien, ich war eher eine körperlose, stimmlose Variante meiner selbst und beharrte darauf. Ich wollte nur aus getippten Worten bestehen, aus Ideen, Meinungen, Erkenntnissen und damit anderen Ideen, Meinungen und Erkenntnissen begegnen. Die materielle Welt, in der ich mich gefangen sah – und dazu zählte, seit ich denken kann, mein Körper –, war mir zuwider. Als Kind wäre ich zum Beispiel viel lieber ein Junge gewesen. Die anderen Jungs kicherten über meine Erklärung, dass ich sei wie sie, dennoch nahmen sie mich in ihre Räuberbanden auf und ich durfte mit Stöcken fuchteln und mit ihnen durch den Wald ziehen. Ich konnte nicht brüllen wie sie und war die Kleinste, aber zum Geheimversteck-Hüten oder zum Botschaften-Überbringen taugte ich allemal! Die restliche Zeit musste ich leider ein Mädchen sein und war betrübt, dass ich nicht wenigstens hellhäutig oder blond oder pausbäckig oder sonst wie entzückend war. Auf dem Dachboden, zwischen alten Schulheften und Notizblöcken, sind noch alte Zeichnungen, ich malte mich schneeweiß mit Ringellocken und großen, runden, blau strahlenden Augen. Es war vermutlich das erste andere Ich, das ich erschuf, die nächsten entwickelte ich Wort für Wort mit meiner Tastatur.

Einer der Unbekannten, mit denen ich chattete, war ein Pfarrerssohn. Seine Eltern waren auf Mission in Papua-Neuguinea. Ich ließ mir wochenlang vom Inselleben am anderen Ende der Welt erzählen und was Missionare heutzutage so machen – bis er schrieb, er habe Gefühle für mich. Aus Angst, ihn zu verletzen, antwortete ich zweideutig und ließ mich darauf ein, Fotos zu schicken, unbeholfene Digicam-Selfies von schräg oben. Doch ich ekelte mich zunehmend vor mir und seinem «Hey, Süße», also schrieb ich, dass ich ihn nicht liebte. Er war überrascht und ich beschämt.

Ein anderer Chatfreund war ein Punk aus dem Nachbarort. Er spielte Gitarre und es gefiel mir, dass er mir Musik empfahl, Sum 41, Death Cab for Cutie, Kettcar, sowas. Er schimpfte aber immer häufiger über Neonazis und fragte, ob sie mich belästigen würden – er würde sie sofort verprügeln. Ich musste ihn immer wieder enttäuschen. Natürlich kannte ich Neonazis (dort, wo ich aufgewachsen bin, musste man sie nicht suchen), aber ich hielt sie wie alle Menschen auf Abstand, und selbst wenn mir dies nicht gelungen wäre: Das Allerletzte, was ich wollte, war ein Typ, der meinetwegen in den Zug stieg und eine Schlägerei anzettelte.

Mein bester digitaler Freund war ein Junge aus dem Jahrgang über mir, wir sind bis heute eng befreundet. Er war der einzige andere Ausländer am Gymnasium, seine Familie war erst vor wenigen Jahren aus Bulgarien gekommen. Ich wollte unbedingt mit ihm zu tun haben, aber wusste nicht, wie ich das anstellen sollte, denn er gehörte zu den Coolen, die besser aussahen als der Rest, sie trugen Markenklamotten, hatten bessere Noten, organisierten Partys und waren überall engagiert. Mich schüchterte das ein, also schrieb ich ihm unter Pseudonym und erstaunlicherweise wurden wir füreinander so etwas wie antwortende Tagebücher. Vielleicht, weil ich im Chat seinen starken Akzent nicht hörte und er mich nicht sah? In dieser Sicherheit schrieben wir einander jedenfalls jeden Abend, bis wir müde wurden.

Leider erriet er nach wenigen Wochen, wer ich war, und versuchte daraufhin, mich in sein echtes Leben einzubinden, mich zum Beispiel auf Partys einzuladen. Mir fiel das schwer, also beließen wir es bei den Chats. Natürlich bekamen andere mit, dass wir außerhalb der Schule irgendwas miteinander zu tun hatten. Sie witterten eine heimliche Liebesbeziehung, oder noch schlimmer: dass wir es einfach nicht hinkriegten, uns anzunähern. Die Jungs verspotteten ihn als feige und unmännlich, und mir war das alles einfach nur furchtbar unangenehm. Sie hatten keine Ahnung, was das zwischen uns war, und wir wahrscheinlich auch nicht.

Heute würde ich sagen, die Anonymität war die Voraussetzung, unter der wir uns begegnen konnten – unter der ich anderen Menschen überhaupt erst begegnen konnte. Was uns schließlich verband, war das Gefühl von Enge in dieser kleinstädtischen Gesellschaft. Wir wussten nur, dass wir nicht sein wollten, was alle anderen von uns dachten oder von uns erwarteten, aber wir wussten nicht, wer wir stattdessen sein wollten. Wir arbeiteten zwar auf Berufe hin – ich wollte schon immer Journalistin werden und er Psychotherapeut –, aber es fehlte der Raum, darüber nachzudenken, was für Menschen wir werden wollten. Wir waren wie zwei Aliens, die versehentlich in Niederbayern gelandet waren, und es brauchte viele amerikanische Serien und Bücher über Rassismus, Migration,

Diskriminierung und menschliche Psyche, um halbwegs zu verstehen, woher unsere Entrücktheit kam.

Wie hätte ich damals auch einordnen und bewerten können, was es bedeutet, wenn ein Mädchen mir abfällig zurief, ich solle zurück in den Dschungel? Oder, noch schlimmer, dass ich vergast gehöre? Wenn alle anderen Mädchen sagten, sie seien neidisch auf meinen gebräunten Teint? Wenn Lehrerinnen erstaunt waren, dass ich sehr gute Deutschnoten hatte, und wenn eine Mitschülerin schnippisch anmerkte, das liege nur daran, dass ich als Ausländerkind in der Grundschule eine Deutschförderung bekam (ich hätte mir die Nachmittagsstunden ja lieber gespart)? Wo endete Anerkennung, wo begann Beleidigung? Was war bloßer Ausdruck von Frust, was war Ideologie? Ich spürte, dass sehr viel sehr falsch war, aber was hätte ich tun sollen? Was hätte ich tun können?

Der einzige Weg, den ich damals kannte, war die Flucht nach innen, weit weg von allen anderen, weit weg von meiner eigenen Haut. Auf Klassenfotos überklebte ich mein Gesicht, nach außen hin zeigte ich mich unabhängig und rebellisch. Mein icq-Profilbild war eine Notizbuch-Grafik mit den Worten: «*I hate everyone*».

Ich weiß nicht, ob ich damals an diesem Ort, in diesem Körper irgendwas hätte richtig machen können. Heute würde ich sagen: nein. Ich musste raus. Ich musste mir virtuelle Identitäten zulegen. Und auch wenn ich heute in diesem Zimmer Nostalgie empfinden kann, überwiegt eine große Beklemmung. Ich trauere um das Mädchen, das lieber aus Pixeln bestand als aus Fleisch und Blut.

Aber ich will gar nicht so weinerlich enden. Irgendwie habe ich es ja rausgeschafft und unten steht ein Weihnachtsbaum. Auch wenn hier jeder auf seine Weise verschroben ist, bin ich immer sehr gerne bei meiner Familie. So eine routinierte Distanz hat auch etwas Beruhigendes. Vielleicht kann ich dich eines Tages hierher mitbringen? Aber erst möchte ich von dir hören:

Warst du eigentlich ein verschlossener Teenager? Wie war eine Jugend im Damaskus der Nullerjahre? Bist du auch mit Chatforen und Messengern groß geworden? Wenn ja, mit welchen?

Deine Vanessa

***

عزيزتي فانيسا،

Liebe Vanessa,

gibt es gute Gedichte voller Glück? Ich weiß es nicht. Ich erinnere mich nur an traurige, aber ich möchte eines schreiben.

هل هناك قصائد فرحة جيدة؟ لا أعرف ولكني أريد أن أكتب واحدة.

Nachdem ich von dir las, wollte ich dich gleich zurückrufen, doch wir hätten wahrscheinlich nur ein schnelles Gedanken-Pingpong gespielt. Mir ist es aber ein Bedürfnis, dir ausführlicher zu antworten, und das kann ich nur in meiner Sprache, auf Arabisch, auch auf die Gefahr hin, dass manches Detail verloren geht, wenn du den Google-Übersetzer nutzt, um meine Worte zu verstehen. Ich möchte in meiner Sprache schreiben, die mir hier in dieser Stadt entschwindet. Mit

Leuten, die meine Muttersprache teilen, kann ich mich über vieles nur begrenzt austauschen, denn mit dem Ausbruch der Revolution 2011 und dem seitdem herrschenden Bürgerkrieg in Syrien ist jede Kommunikation von Angst und Misstrauen begleitet. Man weiß nie, wo die andere Person politisch steht, wem sie loyal ist und wie sie die Dinge sieht. Deshalb zieht man sich voreinander zurück. Zugleich vermeide ich es, persönliche Reflexionen mit der deutschen Gesellschaft zu teilen, weil sie mich schnell in eine Opferrolle drängt.

Ich schreibe dir auf Arabisch, weil diese Sprache die einzige Brücke ist, die mich über all das unruhige Wasser trägt. Lass uns das Schreiben als Brücke nutzen, auch wenn die Metapher ein wenig abgegriffen ist.

Du hast mich nach meiner Jugend in Damaskus gefragt. Wie du habe ich meine ersten Freundschaften übers Internet geschlossen. Nicht, weil meine Gesellschaft zu rassistisch war oder ich Ablehnung von Lehrkräften oder Mitschüler:innen erfuhr. Ich erlebte sie aus meiner eigenen Familie. Ich will es nicht überdramatisieren, aber ich war von sechs Geschwistern das ungeliebte Kind, das Außenseiterkind. Tatsächlich habe ich meinen Vater einmal sagen hören, dass er mich nicht liebe und es ihm lieber wäre, meine Mutter hätte mich nicht geboren. Ich erklärte mir das damit, dass ich hässlich war. Ich war das klischeehaft nette, höfliche Kind, für meinen Vater war ich damit langweilig und nicht vorzeigbar. Auch außerhalb meiner Familie verhielt ich mich entsprechend, ich war immer sehr zurückgezogen. Nur zu meinem Großvater hatte ich ein gutes Verhältnis, aber davon später mehr.

Als das Internet bei uns aufkam und man sich online mit Gleichgesinnten austauschen konnte, war das für mich nicht nur eine Erlösung, sondern auch der Beginn meiner Laufbahn als Autor. Zugleich begann ich zu studieren und im Laden meines Vaters für Stoffe und Vorhänge zu arbeiten, denn ich lebe nicht gern auf anderer Leute Kosten. Ich hatte meinen Vater auch nie gebeten, mir einen Computer zu kaufen, stattdessen stahl ich mich nachts in ein Internetcafé, das eine halbe Stunde zu Fuß von uns entfernt lag. Statt zu lernen, debattierte ich in verschiedenen Foren über Fragen der Kultur, Religion, Politik oder auch der Lebensführung. Es gab auch Chaträume, in denen sich die meisten jungen Leute unterhielten oder Liebschaften anbahnten, aber ich passte da nicht so recht rein. Ich war wahrscheinlich auch nervig, weil ich immer alles analysieren oder infrage stellen wollte. Also verbrachte ich Stunden in Kulturforen und postete dort meine ersten Texte. Es war genau der richtige Ort für mich, um Aufmerksamkeit und Anerkennung anderer zu erlangen. Rückblickend waren aber auch die Kulturforen Räume, in denen insbesondere Männer unter dem Vorwand des intellektuellen Austausches Frauen ausfindig machten und belästigten. Für viele Frauen, die mitreden wollten, waren Foren eine ständige Kampfzone, in denen sie die patriarchalen Offlinekämpfe weiterführen mussten, die sie überhaupt erst ins Internet getrieben haben. So läuft das bis heute, nur wenige wollen wirklich lesen und etwas dazulernen. So gesehen waren reine Chaträume zumindest ehrlicher.

In Syrien wird es nicht gerne gesehen, wenn man ins Theater geht oder an kulturellen Veranstaltungen teilnimmt. Intellektuelle und Künstler:innen beschuldigen dafür die konservative, religiös geprägte Gesellschaft, doch im Grunde bilden auch viele Intellektuelle und Künstler:innen exklusive Kreise, in denen bestimmte Ideologien vorherrschen, eigene Interessen verfolgt werden und keine Kritik geduldet wird.

Ich wollte nie einer solchen Gruppierung angehören, suchte dennoch den Austausch und fand ihn in Foren. Sie waren für mich bessere Orte, um neue Menschen außerhalb meines unmittelbaren Umfelds kennenzulernen. Die meisten nutzten dort Nicknamen. Bei den Frauen konnte ich das verstehen, weil es vielen gar nicht erst erlaubt war, sich online mit Fremden zu unterhalten, und sie unter neutralen Namen außerhalb ihrer Rollenklischees wahrgenommen werden konnten. Aber warum sich auch Männer hinter Nicknamen versteckten, mich eingeschlossen, verstehe ich bis heute nicht. Vielleicht war es eine Chance, sich neu zu erfinden.

Ich hatte mehrere Decknamen, ich nenne dir hier mal die am wenigsten peinlichen: «Quasimodo» zum Beispiel, in Anspielung auf den Glöckner von Notre-Dame, weil ich mich für sehr hässlich hielt, aber auch «Der mit dem langen Schatten» oder «Akakij Akakijewitsch» wie der Protagonist in Nikolai Gogols «Der Mantel». Ich habe bis heute eine E-Mail-Adresse mit dem Namen Akakijewitsch, die ich benutze, wenn ich meinen Klarnamen nicht preisgeben will.

In den Kulturforen schloss ich genau wie du als Teenager Freundschaften, von denen manche bis heute bestehen. Ich lernte, meine Schreibtechnik zu verbessern, und das ganz ohne einem bestimmten Kreis von Kulturschaffenden oder einer «Autorenmafia» anzugehören, deren Mitglieder sich zwar gegenseitig unterstützen, alle anderen aber anfeinden. Bis heute gehöre ich keiner Gruppierung an, ich bin frei und unterstehe keiner Bewegung und keiner Person. Stolz bin ich darauf nicht, denn ein Leben als Einzelkämpfer bringt auch Nachteile mit sich. Immerhin habe ich mittlerweile herausgefunden, was ich tun kann, um weniger verschroben zu wirken.

Wie dem auch sei. Auch ich hatte eine Onlinebeziehung, von der ich dir erzählen möchte. Denn sie hat meinen Blick aufs Leben verändert und mich dazu gebracht, unverblümt auszusprechen, was ich zu sagen habe.

Ich war 16 Jahre alt. Ein Mädchen – sie bat mich, sie Leila zu nennen – schrieb mir, sie fände die Texte, die ich damals veröffentlichte, gekünstelt-dramatisch und unnötig finster. Ich stritt mich mit ihr darüber, aber wie du weißt, erwächst aus solchem Streit mitunter eine persönliche Beziehung, und so redeten wir über Gott und die Welt, und ich entwickelte Gefühle für sie. Stunden über Stunden verbrachte ich im Chat mit ihr und ließ dabei Schule und Arbeit schleifen. Zu dieser Zeit wurden die Gegensätze zwischen meinem Vater und mir immer offensichtlicher: Ich begann, mich seinen Anweisungen zu widersetzen, ging gegen seinen Willen ins Internetcafé und kam zu spät oder manchmal auch erst am nächsten Tag nach Hause, woraufhin er mir gegenüber so feindselig wurde, dass er begann, mich zu schlagen. Die größte Sorge meines Vaters war, eines seiner Kinder nicht unter Kontrolle zu haben. Also erfand ich Lügengeschichten, die ihn zufriedenstellten und die es mir erlaubten, mein Leben so zu führen, wie ich es wollte. Eigentlich war mein ganzes Leben unter meinem Vater eine große Lügengeschichte.

Nachdem ich jedenfalls monatelang mit Leila geschrieben hatte, ohne sie je gesehen oder auch nur ihre Stimme gehört zu haben, bat ich sie um einen Videoanruf. Sie lehnte ab, woraufhin ich misstrauisch wurde und sie verdächtigte, ihre Identität erfunden zu haben. Aber der Grund war ein anderer. Sie schrieb mir, dass sie aufgrund eines Kindheitstraumas nicht mehr sprechen könne. «Aha», schrieb ich ihr unterkühlt. «Ich wollte schon immer ergründen, warum du das Leben so schwernimmst.» Ich fühlte kein Mitleid oder Trauer. Im Rückblick denke ich, dass das sehr hart von mir war, auch wenn sie nicht empört über meine Empathielosigkeit schien. Ich hielt sie für reif und intelligent genug, um auch mit einem Trauma umgehen zu können. Wenn ich allerdings darüber nachdenke, was mir inzwischen alles widerfahren ist, begreife ich, dass ein Trauma lebensverändernd sein kann. Selbst wenn man es vergessen kann, kehrt es immer zurück – jedes Mal ein bisschen stärker, je älter man wird. Zwar können Krisen einen auch stärken, aber manche Schicksalsschläge machen einen nur deshalb hart, weil man weiterleben muss, und ich bin mir nicht sicher, ob ich nicht lieber ein Leben gehabt hätte, in dem mir das Schlimmste erspart geblieben wäre.

Wir schrieben uns weiter, ohne unserer Beziehung ein Label zu geben. Eines Tages erzählte sie mir von einem Mann, in den sie verliebt sei, der ihr aber unerreichbar war, während ich mich immer mehr in sie verliebte. Kurz vor Beginn meines Studiums schrieb ich ihr (ich war damals noch auf eine spirituelle Weise religiös):

«Hallo Leila, ich liebe dich! Mein Herz besteht aus Umlaufbahnen, in deren Mittelpunkt Gott steht. Er ist die Quelle aller Liebe und er hilft mir dabei, jeder Liebe ihr entsprechendes Maß zu geben. Wenn ich aber eine unvollständige Liebe zu einem menschlichen Wesen an die Stelle der endlosen Liebe zu Gott setze, geraten die Umlaufbahnen meines Herzens aus dem Takt und die Liebe erstirbt. Ich fühle, dass du für mich jetzt im Zentrum stehst. Das wird alles zerstören und mich auf körperliche Begierden reduzieren. Deshalb muss ich dich verlassen.»

Das Ende dieser diffusen Beziehung war das Schlimmste, was ich bis dahin seelisch durchgemacht hatte. Doch die Trennung half mir, mich selbst zu finden. Zuvor hatte ich immer versucht, es anderen recht zu machen oder ihr Interesse zu wecken. Von da an war es mir wichtiger, ehrlich zu sein, selbst wenn es anderen unhöflich oder grob erscheint.

Willst du wissen, wie ich damals als Sechzehnjähriger geschrieben habe?

«Die Frauen, die zu mir übersetzen wollen, ängstigen sich vor dem Wolfsrudel, das seit langem in meiner Brust herangewachsen ist. Leila geht langsam vorbei und streicht den Wölfen, die sie anlächeln, über die Köpfe.»

Ich habe leider kein altes Kinderzimmer, in das ich nochmal gehen könnte. Nach der Revolution musste ich mehrmals umziehen, sowohl in Syrien als auch danach. Aber ich bin neugierig zu erfahren, was du alles in deinem Zimmer vergessen hattest und jetzt wieder entdeckst.

Ach ja, wo wir gerade dabei sind: Als ich dir meine Liebe gestand, wusste ich, dass du im Zentrum der Dinge stehen würdest, und lächelte selig in mich hinein.

Ahmad

***

Quasimodo! Oder soll ich besser sagen: Herr Akakijewitsch?

Ich danke Ihnen für diese parallele Erinnerung.

Es ist schon faszinierend, wie viele weitere Leben das frühe Internet ermöglicht hat und wie viele weitere es heute ermöglicht, wenn man sogar über sprachliche Grenzen hinweg kommunizieren kann. Ich bin auch erstaunt, wie viel besser Übersetzungssoftwares geworden sind – zumindest hoffe ich, dass durch eine schlechte automatische Übersetzung weniger verloren geht, als wenn wir uns in unbeholfenem Englisch schreiben würden.

Beim Lesen dachte ich jedenfalls, dass du einer der Fremden in meinem Leben hättest sein können, zum Glück sind wir uns aber erst mit über dreißig begegnet, wo Männer keine Wölfe mehr sind und Frauen keine Wolfsflüsterinnen. Einen Schriftsteller hätte ich aber auch damals schon sehr spannend gefunden! Leider kannte ich lange Zeit keine einzige Person, die Lyrik oder Prosa schrieb, ich stellte mir Schriftsteller deshalb vor wie im «Club der toten Dichter»: männlich, inbrünstig, auf Tische springend. Irgendwie beeindruckend, irgendwie aber auch nicht meine Welt.

Ich muss mich gerade ein wenig beeilen, wir wollen gleich essen, hier also in aller Kürze drei Dinge, die mir außer dem «Club der toten Dichter»-Büchlein aus meinem Kinderzimmer ins Auge fallen:

1. Mohnblumen auf billigen Kunstdrucken und Postkarten. Ich war fasziniert von diesen Blüten, die inmitten trostloser Landschaften rot leuchten, und habe mich – um dir ebenso einen Nicknamen zu verraten – online in verschiedenen Variationen danach benannt und mir später sogar eine Mohnblume ans Bein tätowieren lassen.
2. Eine Kanada-Flagge. In der zehnten Klasse habe ich an einem Schüleraustausch teilgenommen und war zum ersten Mal unter asiatischstämmigen Gleichaltrigen. Eine kanadische Lehrerin sagte mir, ich sei talentiert und hätte

viel geschafft. So ein Kompliment hatte ich noch nie von einer deutschen Lehrerin gehört.

3. Ein Digicam-Foto von mir und einer Schulfreundin in Paris. Ich hatte phasenweise Freundinnen, zu denen ich heute leider keinen Kontakt mehr habe, sie war eine davon. Wir waren im Französisch-Leistungskurs (eine Art Hauptfach in der Oberstufe), machten den *Gilmore Girls* alles nach und entfremdeten uns letztlich wegen ihrer damaligen Beziehung, die man heute als toxisch bezeichnen würde.

Das letzte Foto und die Geschichte dazu hatte ich wirklich völlig vergessen, aber ich dachte, ich erwähne es, weil du jeden Tag ein Brücken-Foto postest. Was hat es damit eigentlich auf sich? Sind Brücken deine Mohnblumen? Bitte verurteile mich nicht für meinen Ramsch!

Deine coquelicot

***

عزيزتي فانيسا،

ich habe mich gefragt, ob ich dich darum beneide, dass du Weihnachten bei deiner Familie verbringst, während ich hier allein sitze. Aber eigentlich schätze ich mich glücklich, allein zu sein. Ich weiß, dass Familientreffen an Weihnachten herzerwärmend sein können, aber sie sind weltweit auch ein Anlass, um Familienprobleme auf den Tisch zu legen.

Was die Brücken angeht: Schon in Damaskus hatte ich ein besonderes Verhältnis zu Brücken. Ich studierte Mathematik, und die Universität lag in unmittelbarer Nähe zu einer der größten Brücken der Stadt, und weil alles Große und Berühmte in Syrien nach dem Diktator benannt sein muss, heißt sie الرئيس, «Präsidentenbrücke». Sie spannt sich über eine belebte Hauptstraße und über den daneben fließenden Barada-Fluss. Letzterer ist nur noch ein fast vertrocknetes Rinnsal. Zugleich befindet sich unter der Brücke eine Busstation, von der man in alle Vororte von Damaskus fahren kann. Dort, vor einer alten Mauer, verkauften Straßenhändler billige Elektrogeräte, Kleidung und Schmuggelware aus dem Libanon. Mich zog es immer zu dem Stand mit antiquarischen Büchern. Aber bleiben wir erstmal *auf* der Brücke.

Ich stand so oft auf dieser Brücke, die zwar vom größten Lärm der Stadt umgeben war, auf mich aber ruhig wirkte, da der Wind alle Geräusche verschluckte. Während meines Studiums traf ich mich dort mit Kommilitonen, um über Politik, Religion und Gesellschaft zu diskutieren, manchmal stand ich auch allein dort, um meine Gedanken zu ordnen, und dann wieder traf ich dort meine damalige Freundin. Die «Präsidentenbrücke» war der Ort, an dem ich meinem Alltag entkam und nach Neuem suchte.

Nach Beginn der syrischen Revolution und all den Verlusten, die sie mit sich zog, und nach meiner Freilassung vom Geheimdienst ging ich eines Abends auf die Brücke und blickte hinunter. Unten fuhren zwei Schwärme von Autos vorbei. Die von der Brücke wegfahrenden leuchteten rot und die sich nähernden weiß. Sie kamen mir vor wie zwei Armeen, eine siegreiche (die mit den weißen Lichtern) und eine besiegte (die roten Lichter). Es war ein bedrückender Gedanke, dem ich lange nachhing. Dann rempelte mich ein Passant versehentlich an und ich drehte mich in die andere

Richtung. Dort hatten die Autos mit den roten Lichtern jetzt weiße Lichter und umgekehrt.

Wer waren nun die Besiegten und wer die Sieger? Ganz ähnlich stand es um die Revolution, die in einen Bürgerkrieg abgeglitten war. Die vermeintlichen Sieger waren plötzlich unterlegen und die Verlierer gewannen, und im nächsten Moment konnte wieder alles anders sein … So unentschieden ist es bis heute.

Anfang 2013 gelang mir die Flucht aus Syrien nach Jordanien. Meine ersten beiden Versuche waren gescheitert, da eine neue Verordnung jungen syrischen Männern keine weiteren Grenzübertritte gestattete. Für meinen dritten Versuch bezahlte ich eine Schmugglerin, um sich als meine Ehefrau auszugeben – Paare durften nämlich noch ausreisen. Kurz vor der Grenze fand ich jedoch ein syrisches Familienbuch, das offenbar jemand verloren hatte. Ein Familienbuch ist so etwas wie ein Reisepass oder ein Ausweis, aber für eine ganze Familie. Die Leute der Freien Syrischen Armee, die die Grenzfahrten organisierten, erzählten mir von einer Frau mit drei Kindern, die nicht nach Jordanien durfte, weil sie palästinensisch waren. Sie stecke seit Monaten an der Grenze fest und habe in Syrien alles verloren. Es war mein letzter Versuch, nach Jordanien zu gelangen, denn die Jordanier registrierten jetzt alle Einreisenden mit einem Iris-Scanner, und wäre ich abgelehnt worden, hätte ich es kein weiteres Mal probieren dürfen. Dennoch zögerte ich nicht, anstelle der bereits bezahlten Schmugglerin die palästinensische Mutter mit ihren Kindern mitzunehmen.

Denn es war auch meine Mutter, die mich aus Damaskus durch Checkpoints der Armee an einen Ort gebracht hatte, von dem aus ich in das Dorf unserer Familie in Daraa im Süden Syriens gelangen konnte.

Und es war ihre Mutter, also meine Großmutter, die mich von dort durch Checkpoints des Regimes und von islamistischen Milizen nach Mzeirib an der jordanischen Grenze gebracht hat.

Mütter waren für mich also immer Brücken, und diesmal wollte ich eine Brücke für diese Mutter sein. Tatsächlich ließen sie uns durch und lehnten die andere Frau ab, weil sie schon mehrere andere Männer über die Grenze geschmuggelt hatte. Ich überließ der Palästinenserin das Familienbuch, das uns zugewiesene Zelt im Flüchtlingscamp und die UN-Gutscheine für Hilfsgüter, und wir gingen getrennte Wege.

Ich schlug mich ohne Papiere in die nächstgelegene Stadt durch und fuhr wenige Monate weiter nach Amman. Als ich dort vier Jahre später meine Identität richtigstellen wollte, fragte mich der Beamte nach dem Namen, unter dem ich eingereist war. Ich wusste ihn nicht mehr. Ich erinnerte mich nur noch an den Namen jener Mutter: Fatima.

Dort in Amman gab es keinen Fluss, kannst du dir das vorstellen? Wie kann man eine Stadt ohne Wasser bauen? Was für eine schlechte Idee. Man witzelt sogar, dass die Jordanier:innen so wenig lächeln, weil ihnen das Wasser fehlt. Wasser bringt Freude. Doch selbst in dieser Zementstadt fand ich Brücken, und ich freundete mich mit dem Gedanken an, dass es auch Brücken ohne Flüsse gibt. Die eigentlich schönste Brücke in Amman war zugleich die schlimmste, denn von ihr stürzten sich immer wieder Menschen in den Tod und landeten zwischen Autos auf dem Asphalt.

Ich habe so viele Brücken in verschiedenen Städten gesehen, und mit einigen verbinde ich eine persönliche Geschichte. Als ich nach Deutschland kam, lebte ich zunächst an einem Waldrand. Ich hatte eine Schreibresidenz im Heinrich-Böll-Haus in der Nähe von Düren. Dort lernte ich eine Brücke kennen, die ich besonders gernhatte. Als ich zum ersten Mal von Düren nach Berlin reiste, erschrak ich: Mir war, als söge der Lärm der Menschen meinen massigen Körper auf. So schnell wie möglich wollte ich wieder weg, doch ich musste immer wieder für Lesungen und Veranstaltungen nach Berlin, und so suchte ich mir Orte in der Stadt, an denen ich mich konzentrieren und zur Ruhe kommen konnte.

Berlin ist mehr als nur eine Stadt. Berlin ist wie ein Granatapfel voller Kerne, und jeder Kern ist eine Stadt für sich. Und wie es der Zufall so will, fand ich auch hier eine Brücke, die sogar zu einem meiner liebsten Orte wurde. Auf der Eisenbahnbrücke an der Friedrichstraße komme ich zur Ruhe und finde meinen Rhythmus. Ich gehe dorthin, wenn ich mich vom Lärm der Stadt und vom Strom der allgemeinen und besonderen Gedanken erholen will. Von dort kann ich die Stadt umgedreht sehen. Meine Vorstellung einer Brücke war bislang ein Betongebilde im Zentrum einer Stadt, und darunter fließt ein Fluss. Diese Brücke ist aus Eisen und Stahl gebaut, über der Fußgängerpassage verlaufen die S-Bahn-Schienen und darunter fließt die Spree. Und da das Wasser ein Kind des Himmels ist, brachte mich diese Brücke zu der Vorstellung, dass über mir der Weg verläuft und unter mir der Himmel strahlt. Verkehrte Welt.

Jetzt habe ich so lange über Brücken gesprochen, dass du wahrscheinlich in deinem Zimmer sitzt und denkst: «Die nächsten zehn Jahre lang möchte ich das Wort Brücke nicht mehr hören.» Aber du hast ja danach gefragt!

Ahmad

***

Lieber Ahmad,

ich bleibe noch an deiner Metapher von Mütter als Brücken hängen. Im Studium habe ich mich mit Kulturen weltweit befasst, die Mütter als Werteträgerinnen ansehen, als Bindeglieder zwischen Generationen und Familienmitgliedern. Sie sollen vermitteln und zusammenhalten, auch über die eigenen Familiengrenzen hinaus. Mit dem Erstarken des Nationalismus im 19. Jahrhundert wurde dieses Rollenbild instrumentalisiert – die Mutter als Nation, die Nation als Mutter. Frauen wurde im patriarchalen Konstrukt der Nation die Aufgabe der biologischen und ideologischen Reproduktion ebenjener Nation zugeschrieben. Man denke nur an die Marianne auf Eugène Delacroix' Gemälde «Die Freiheit führt das Volk an» (1830), an die engelsgleiche Gestalt auf John Gasts Tafelbild «American Progress» (1872) oder Statuen der Britannia, Germania und von Mütterchen Russland. In Indien entstanden im Zuge der Unabhängigkeitsbewegung im späten 19. Jahrhundert Bilder einer *Bharat Mata* («Mother India»), und auch in Südamerika verkörperten Malereien von aufopferungsvollen Müttern im Krieg den antikolonialen Widerstand, beispielsweise «El repase» (1888) von Ramón Muñiz. Echten Frauen nutzten diese Allegorien wenig, ihre Rolle blieb eine untergeordnete im Haus und am Herd.

Deswegen schaudert es mich jedes Mal, wenn Mütter stilisiert werden, auch bei dir klingt eine gewisse Stilisierung an, wenngleich ich weiß, dass du von persönlichen Erfahrungen geschrieben hast und deiner Mutter, deiner Großmutter und der Palästinenserin gegenüber eine große Wertschätzung empfindest. Ich mag auch die Idee, dass diese Mutterfiguren nicht wie im Kontext des Nationalismus Grenzen markieren, sondern sie für dich geöffnet haben. Am liebsten wäre mir aber, wir könnten Mütter entpolitisieren und von Müttern als Allegorien wegkommen, sie damit vermenschlichen und individualisieren.

Wenn ich zum Beispiel an meine eigene Mutter denke, dann denke ich an eine kleine, aber aufrechte Frau, deren Blicke ich als Kind fürchtete, denn sie verhießen selten Gutes. Sie musste nichts sagen, um uns Kinder zu verurteilen – und wehe, man fand nicht rechtzeitig eine Ausflucht. Die Details lasse ich besser aus, weil sie ihrer heutigen, erstaunlich gelassen-fröhlichen Art Unrecht tun würden.

Doch wer kann es ihr verübeln? Sie hatte schon mit 18 ihre Familie und ihr Land verlassen und sich ohne Ersparnisse, ohne Fremdsprachenkenntnisse und ohne Netzwerk ein neues Leben in Europa aufgebaut. An manchen Tagen schob sie drei Schichten und brachte damit ihren zeitweise kranken Mann und drei Kinder über die Runden. Beschwerden hörte ich nie, im Gegenteil mahnte sie uns Kinder ständig an, mehr zu leisten und mehr auszuhalten. Ich sah sie in meiner Kindheit aber auch nie weinen. Sie saß abends auch nicht bei uns, um nach unseren Sorgen zu fragen. Um uns zuzuhören, ihre Hände auf unsere Brust zu legen oder auf die Stirn. Um ein Lied zu singen. Ich habe sie nie singen gehört. Nie flüstern. Nie erzählen. Sie machte nichts von dem, was Mütter in Bilderbüchern tun. Wie auch, wenn man frühmorgens in der Bäckerei, tagsüber in der Gurkenfabrik und abends im Restaurant jobbt? Ich werfe ihr das nicht vor, ich heroisiere ihre Härte aber auch nicht.

Du schreibst von Müttern als Brücken; wenn meine Mutter eine Brücke war, dann eine, die nur in eine Richtung führte: in eine Zukunft, die sich keiner von uns vorstellen konnte. Ist es das, was Migration mit Menschen macht? Brücken verstümmeln? Ich weiß, was ich ihrer Meinung nach alles für ein besseres Leben tun sollte, aber nicht, woher wir kommen, wer wir sind. Ich sammle, seit ich mich erinnern kann, mühsam Erzählungen, historische Eckdaten, Bilder und Wörter und versuche, daraus eine Geschichte zu konstruieren.

Bislang geht sie so:

Meine Mutter ist die älteste von fünf Geschwistern, alle ihre Vornamen beginnen mit H: Hằng, Hiền, Hải, Hương, Hùng. Ihre Eltern führten eine kleine Obstfabrik in Hưng Yên, nicht weit von der Hauptstadt Hanoi, so kommt es, dass sie sehr gut Ananas schneiden kann, und weil die Fabrik gute Verbindungen zur Partei hatte, erhielt meine Mutter das besondere Privileg, 1983 als Vertragsarbeiterin nach Bulgarien entsendet zu werden. Dort arbeitete sie in verschiedenen Fabriken, lernte meinen Vater kennen, heiratete ihn und floh mit dem Zerfall des Ostblocks 1990 mit ihm nach Deutschland. Hier wurde sie Mutter, ich war ihr erstes Kind, und wenige Jahre später besuchte uns erstmals ihre Mutter. Für einige Tage hatte ich also auch mal eine Großmutter, *bà ngoại*. Erinnerungen an diesen Besuch habe ich keine. Ich weiß nur, dass sie mir ein Silberkettchen schenkte, auf dem mein früherer Vorname eingraviert war: Hồng Vân.

Meine Familie väterlicherseits lebt in einem kleinen Dorf an der nordvietnamesischen Küste. Den ersten Besuch dort habe ich noch sehr lebhaft in Erinnerung, weil ich schon zehn oder elf Jahre alt war. Aus der wuseligen Hauptstadt ging es mit einem Bus mehrere Stunden lang über staubige Landstraßen nach Südwesten, kurz vor der Küste erreichten wir dann einen braunen, schlammigen Fluss. In der Stadt konnten wir uns noch in klimatisierten, gefliesten Räumen mit grellem Neonlicht verstecken, nun schmolzen wir auch im Schatten dahin und konnten nichts tun, außer einander heiße, feuchte Luft zuzufächern und uns der unbestimmten Wegzeit zu ergeben.

Über den Fluss führte eine rostrote Fähre, *phà*, sie ratterte und plätscherte und wendete schwerfällig wie präzise, für mich war das ein großes Spektakel und auch alle anderen schienen aus ihrem Hitzekoma zu erwachen. Auf der anderen Seite warteten schon Onkels und Cousins mit ihren Mopeds, *xe máy*, sie fuhren uns über eine steinige Landstraße voller Schlaglöcher, am Rand grasten Wasserbüffel, *con châu*, die Häuser im Dorf waren niedrig und hatten betonierte Vorderhöfe, aus denen Hunde bellten. Wir fuhren zu meinem ältesten Onkel Bác Hoàn, an seinem Haus rankten purpurne Drillingsblumen, *hoa giấy*, und pinke Drachenfrüchte, *thanh long*. Bác Hoàn hatte auch einen rechteckigen Fischweiher, *ao cá*, und Pomelobäume, *cây bưởi*, die so viele Früchte trugen, dass sie einfach in den Weiher plumpsten und niemand sich darum scherte. Müsste ich meine vietnamesischen Lieblingsworte nennen: Es sind bis heute diese.

Der paradiesische Eindruck verflog aber schnell. Aufs Klo ging es über den Innenhof in ein dunkles Häuschen voll Stinkkäfern und riesigen Kakerlaken, gekocht wurde auf offenem Feuer, geschlafen auf Holzbetten ohne Matratzen, nachts erschrak ich mich vor den riesigen Motten. Meine Tanten konnten sehr über unsere geschockten Gesichter lachen. Sie bauten bei sengender Hitze Reis, Obst und Gemüse an und verkauften die Ernte auf Märkten oder verfütterten sie an die Schweine. Meine Onkel arbeiteten auf Baustellen. Zu essen hatten sie genug, aber für alles andere – Arztrechnungen, Reparaturen, neue Geräte, Schulgeld – mussten sie Verwandte in der Stadt oder im Ausland um Hilfe bitten. Wer konnte, hat dieses Dorf verlassen, diesen schönen, aber verdammten Ort, den wir Heimat nennen (*quê hương*), obwohl er erst seit kurzem unsere Heimat ist.

Ursprünglich, erfuhr ich auf der Reise, kommt meine Familie aus der nächstgrößeren Stadt Nam Định. Eine Figur, die in diesem Zusammenhang von allen Familienmitgliedern ehrfürchtig erwähnt wird, ist der Patriarch, mein Großvater, *ông nội*.

Erzählungen über ihn gibt es viele, einig sind sich alle darin, dass er ein zeitlebens scharfsinniger, großzügiger, humorvoller Mann war. Uneinig sind sie darin, ob seine Gutmütigkeit eine Stärke oder Schwäche war. Frankreich hatte ab 1858 unterschiedliche Teile Südostasiens, damals «Indochina», unter seine Herrschaft gebracht und dafür lokale Akteur:innen eingespannt, mein Großvater war als Übersetzer einer von ihnen. Mit der Niederlage der Franzosen 1954 und der anschließenden Machtübernahme durch die Kommunisten wurden allen voran die Kollaborateure brutal zerschlagen und enteignet. Wer fliehen konnte, floh in den Süden oder gleich ins Ausland. Mein Großvater wollte Vietnam jedoch nicht verlassen und schlug das Angebot aus, sich nach Frankreich evakuieren zu lassen. Er floh nur aufs Land, in dem Glauben, dass er als Übersetzer ja niemandem etwas Böses getan habe, und verlor alles. «Wir werden unsere Häupter nicht mehr erheben», sagte er meinem Vater und mein Vater sagte es mir.

Im Dorf wurde mein Großvater Krabbenfischer mit Sinn für Satire und Poesie. Als er kein Geld mehr für Stifte und Papier hatte, formulierte er seine Verse im Kopf und trug sie als Gastgeschenke oder bei Familienfeiern vor. Bis heute zitieren Verwandte und Dorfbewohner ihn, mir blieb nur ein Satz haften: *Tôi chỉ tiếc bụng không có gì để bóp / Das Einzige, was ich bedauere, ist, dass mein Magen nichts zu kneten hat.*

Mein Vater wurde ausgerechnet im Jahr des Machtwechsels geboren, 1954. Als Sohn eines Kollaborateurs wurde er zur Feldarbeit verdammt und durfte keine höhere Schule besuchen, dabei liebte auch er Literatur und war immer ein wissbegieriger Mensch. Frustriert wanderte er aus, schlug sich über Bulgarien nach Deutschland durch, wo er 1990 Asyl beantragte, aber das wurde ihm ebenso verwehrt wie jegliche Weiterbildung. Für Asylsuchende gab es damals nicht mal Deutschkurse. Er hatte keine Aufenthaltspapiere, kein Geld, keine Arbeitserlaubnis, keine Bewegungsfreiheit. Also erzählte er wie schon mein Opa aus seinem Gedächtnis Geschichten. Ich liebte seine Erzählungen von Drachen und Schildkröten, aber es waren seltene Momente, die leider immer seltener wurden, denn irgendwann durfte er arbeiten und kam erst im Schlachthof unter, für kurze Zeit auch im Baumarkt.

So kam es, dass mein Vietnamesisch allmählich verblasste und ich mich von meinen Eltern und damit auch von meiner Familie entfernte. Die einzige Verbindung, an der ich mich festklammerte, war die französische Sprache, die ich in der Schule lernen und aus eigener Kraft verbessern konnte. Sie wurde meine Brücke zum Dorf ohne Brücken, zu der Familie, die nicht mehr sein sollte, zur Vergangenheit aus verblassten Anekdoten.

Weißt du mehr über deine Familiengeschichte? Suchst du nach ihr? Sprecht ihr darüber? Ich weiß, dass du deine Familie schon lange nicht mehr gesehen hast, dass du sie nicht sehen kannst, aber ich finde es schön, dass du jede Woche mit deiner Mutter telefonierst, als wäre sie nur ein paar Kilometer entfernt, und dass ihr eine gemeinsame Sprache habt.

Zum Geburtstag meines Großvaters, ich weiß nicht mehr, welcher es war, bat mich mein Vater einmal, ein Gedicht zu schreiben. *Ông nội* würde sich nichts anderes wünschen, sagte er, und ich willigte eher pflichtbewusst als aufrichtig motiviert ein. Auf Französisch ginge auch, sagte mein Vater. Natürlich schrieb ich das Gedicht auf Französisch, eine andere gemeinsame Schriftsprache hatten wir ja nicht. Der Inhalt ist mir entfallen und war wahrscheinlich auch völlig banal. Aber ich erfuhr viele Jahre später: Er bewahrte das Gedicht bis zu seinem Tod neben seinem Bett auf.

Hồng Vân

***

حبيبتي فَن،

während ich deinen Brief las, musste ich die ganze Zeit denken, dass du zwar hier geboren bist, aber dein Leben und Denken auf Migration basiert! Wann, dachte ich, kannst du damit anfangen, dein kurzes Leben zu leben, ohne ständig daran zu denken, woher du kommst?

Ich hatte nie den Drang herauszufinden, wo meine Familie ursprünglich herkommt. Dabei ist Katlesh (eigentlich قطليش) sogar ein ungewöhnlicher Name. Wir witzeln manchmal, dass wir vielleicht gar keine Araber sind, sondern von den Osmanen abstammen, also eigentlich Türken sind. Der Theorie bin ich aber nie nachgegangen. Vielleicht sollte ich mal einen DNA-Test machen?

Dieses Jahr vergaß ich sogar einmal, dass ich Migrant oder besser gesagt Flüchtling bin. Ich buchte ein Flugticket nach

Belgrad, um mir ein paar Tage Auszeit von Berlin zu gönnen. Natürlich erkundigte ich mich, ob ich nach Serbien einreisen durfte, und verließ mich auf die Information, dass Menschen mit einer Aufenthaltsgenehmigung für die Länder des Schengenraums und der Europäischen Union kein Visum benötigen. Doch gleich am Flughafen wurde ich festgehalten und saß die gesamte Zeit, die ich in Belgrad verbringen wollte, im Flughafengewahrsam. Sie meinten, die Visabefreiung gelte nicht für Flüchtlinge, woraufhin ich nur lachen konnte und mir vornahm, nie mehr und unter keinen Umständen zu vergessen, dass ich ein *Flüchtling* bin. Es scheint ein Merkmal zu sein, das wir überall vorzuzeigen haben.

Weißt du, was mich gerade mehr beschäftigt als meine Herkunft? Gerüche und was sie mit unserer sozialen Umgebung zu tun haben. Lass mich dazu eine Geschichte erzählen.

Nachdem die Flughafenpolizei mir mein Mobiltelefon und meinen Laptop abgenommen hatte und mich in die Arrestzelle brachte, überfiel mich dort ein schrecklicher Gestank. Es war ein langer Saal am Ende des Flughafens, parallel zur Halle, die alle Ankommenden passieren. Aus der Zelle konnte ich hören, wie sie gut oder schlecht gelaunt über ihre Flugreise sprachen. Was meine Zelle von der Außenwelt trennte, war der Geruch, der den Raum erst zum Gefängnis machte, mehr noch als die Wände. Ein fauliger Geruch, der ganz anders war als auf anderen Flughäfen der Welt. In ihm mischten sich Kaffee, Parfüms aus Duty-free-Läden und Schweiß von verspannten Passagieren. Ein billiger Geruch von Wohlstand.

Die Zelle maß etwa dreißig mal zehn Meter. Am verschlossenen Zugang stand ein Büro mit verspiegeltem Glas, aus dem die Polizei uns sehen konnte, wir sie aber nicht – als wären wir

Zootiere. Die Wachbeamten konnten zuhören, wie sie in den verschiedensten Sprachen und Dialekten beschimpft wurden, von Kubanern, Tunesiern, Türken, Syrern, Marokkanern und anderen Migrant:innen, die über Serbien in die EU wollten und dafür alle Brücken hinter sich abgebrochen hatten, jetzt aber darauf warten mussten, wieder in ihre Herkunftsländer zurückzufliegen. Das ging mir sehr nahe. Ich dachte an meine eigene Flucht und wusste, dass ich in diesem Fall wieder nach Berlin durfte, während diese bemitleidenswerten Menschen an Orte geschickt würden, an denen ihr Leben womöglich in Gefahr war! Am anderen Ende des Raums befand sich eine weitere Tür, die nicht abschließbar war. Sie führte zur Toilette und zu einem Waschraum, in dem Fliegen auf dem Boden saßen und dessen Wände in vielen Sprachen beschriftet waren, da stand alles von الله أكبر (*Allahu akbar*, übersetzt «Gott ist der Größte») bis «FAK BOLES», also wahrscheinlich *fuck police*, aber ob die Wächter den Rechtschreibfehler verstanden?

Der schlimmste Geruch ging aber von den schimmligen Decken aus, die mich an Armeedecken für syrische Soldaten erinnerten. Sie wurden wahrscheinlich monatelang nicht gewaschen und von Leuten genutzt, die auf den Wartebänken schliefen. Eine alte Kubanerin war mit ihrem Sohn und dessen Kindern gekommen; sie hatten versucht, über Russland und Serbien in die EU zu gelangen. In der Zelle hatte sie mehrere Decken auf dem mit Zigarettenkippen übersäten Boden ausgebreitet und sich darauf eingerichtet. Jedes Mal, wenn ich zur Toilette ging, sagte sie: «*How are you?*», zeigte auf die Decken und die Toilette und hielt sich dabei angewidert die Nase zu.

Vor vier Jahren, kurz bevor mein Literaturstipendium ablief, mit dem ich nach Deutschland gekommen war, beantragte ich Asyl. Nach Jordanien konnte ich nicht zurück, weil ich dort journalistisch gearbeitet hatte und damit in Schwierigkeiten geriet, und nach Syrien konnte ich nicht zurück, weil ich dort sowohl mit dem Assad-Regime als auch mit islamistischen Milizen Probleme hatte. Nachdem mein Asylgesuch positiv beschieden worden war, wollte man mir dennoch keine Aufenthaltsgenehmigung ausstellen, weil die Echtheit meines syrischen Passes angezweifelt wurde. Ich wurde so wütend, nicht wegen der zähen Bürokratie, sondern weil ich schon in Jordanien vier Jahre lang ohne Pass und Personalausweis gelebt hatte. Ich hatte lediglich ein UNHCR-Zertifikat, die mich als Flüchtling auswies. Kannst du dir vorstellen, auf dieser Welt ohne Papiere zu leben, die deine Identität belegen? Ich konnte mich nicht frei bewegen und keine reguläre Arbeit aufnehmen. Ich arbeitete für Zeitungen, Radiosender und Nachrichtenportale, alles schwarz und für weniger Geld als regulär Beschäftigte. Zugleich sparte ich für einen Reisepass, der mich rund sechstausend Dollar kostete. Ich hätte auch einen Pass fälschen lassen können, aber ich tat alles dafür, um einen echten Pass zu bekommen, der nun angezweifelt wurde.

Wütend beschloss ich, eine gute Freundin in Paris zu besuchen, obwohl ich Frankreich aufgrund seiner kolonialen Geschichte – auch Syrien stand zeitweise unter französischer Herrschaft – und die Franzosen nicht mochte. Ja, ich glaube, wir alle sind auf die eine oder andere Art rassistisch. Natürlich war es ein Wagnis, ohne Aufenthaltspapiere für Deutschland nach Frankreich zu reisen, aber ich musste einfach einmal raus aus diesem Land. Das war meine Art des Protestes gegen die Ablehnung, die ich schon jahrelang in Jordanien und monatelang an der syrischen Grenze erlebt hatte. Vor der Ankunft in Paris gingen Polizisten durch den Zug, um die Papiere der Reisenden zu überprüfen. Natürlich nicht die der Weißen, sondern nur die von uns Nichtweißen. Am Hauptbahnhof von Paris brachten die Grenzpolizisten mich zur Wache und fragten mich, warum ich hier sei. Ich zeigte einen Brief, aus dem mein positiver Asylbescheid hervorging, und erklärte, dass mein Ausweis und Pass noch nicht ausgestellt seien. Ich sei in Paris, um eine Freundin zu besuchen. Ich sprach selbstbewusst und ohne Angst, denn ich hatte keine Angst mehr vor Gefängnissen. Die Afrikaner mussten weiter in eine Zelle, ich sollte im Vorraum warten.

Die Freundin fragte mich später, was mich aufgehalten hatte, aber ich wollte nicht darüber sprechen. Ich habe mir angewöhnt, Angehörige und Freund:innen nicht mit meinen Problemen zu belasten. Die Polizei hatte mich nach zwei Stunden gehen lassen, und so betrat ich mit dieser Freundin das von mir verhasste Paris. Als wir bei ihrem Haus ankamen, sagte ich ihr, es rieche wie in der Altstadt von Damaskus. Der Geruch von Damaskus, den ich so gemocht hatte, war also der Geruch von Kolonialismus.

An jenem Abend nahm mich die Freundin mit auf einen Spaziergang durch die alten Stadtviertel von Paris, und mir war, als könne ich darin Damaskus mit all seinen Steinen, Fenstern und Straßen erkennen, und so begann ich Paris mit anderen Augen zu sehen. Damaskus mag vom Assad-Regime kontrolliert sein, dachte ich. Jetzt aber war ich in einem anderen, freien Damaskus.

Ein ähnliches Erlebnis hatte ich gestern, als ich hier in Berlin im Theater war. Obgleich ich in letzter Zeit öfters im Theater gewesen war, war es diesmal anders: Mir war, als röche es dort wie im Qabbani-Theater in Damaskus, in das ich früher immer allein gegangen war, um meinem sozialen Umfeld zu entfliehen. Ins Theater zu gehen war für mich damals ein besonderer, aber auch seltener Genuss, denn ich musste neben dem Studium arbeiten. Zum Ausgleich las ich Theaterstücke von berühmten Autor:innen und suchte im Internet nach Videos von Aufführungen. Bis heute sehe ich mir genauso gerne Theaterstücke auf meinem Laptop an wie auf der Bühne. Aber gestern nahm ich im Theater jenen Damaszener Geruch wahr und dachte nach der Vorstellung: Nachdem ich in Damaskus früher nach jedem Stück ein paar Stunden durch die Stadt gelaufen bin, will ich das jetzt auch hier machen. Durch die Kälte lief ich am Ufer des zugefrorenen Kanals entlang, bis ich zu Hause ankam. In meiner neuen Wohnung roch es nach nichts. Ich hätte so gern, dass es nach mir riecht und dass die, die mich besuchen, sagen, der Geruch passe zu mir. Aber noch hat die Wohnung meinen Geruch nicht angenommen, vielleicht, weil ich noch nicht weiß, ob ich überhaupt ein Zuhause will oder ob ich will, dass diese Wohnung meine ist.

Warum suchen wir eigentlich in jeder Zukunft nach unserer Vergangenheit? Würdest du mich heute fragen, ob ich nach Damaskus zurückgehen würde, wenn ich könnte, würde ich mit Nein antworten. Ich habe mal gelesen, dass es nicht Orte sind, nach denen wir uns zurücksehnen, sondern die Zeit, in der wir lebten, in den Ländern, die wir verlassen mussten. Die Quelle ist mir leider entfallen, aber der Gedanke begleitet mich bis heute.

Vielleicht klammern wir uns deshalb an die Idee einer Heimat, weil wir uns irgendwohin zugehörig fühlen möchten. Aber mich würde Damaskus als Ort nicht glücklich machen, und zugleich weiß ich nicht, ob ich für immer hier in Deutschland oder in Berlin bleiben möchte. Ich habe die Stadt, zu der ich mich zugehörig fühle, noch nicht gefunden. Sicher weiß ich nur, dass es da, wohin ich gehöre, nach etwas Bestimmtem riechen muss. Dieser einzigartige Geruch, der mir im Gedächtnis geblieben ist, gibt mir Sicherheit. Ich weiß nicht, ob ich nochmal so einen Geruch finde. Aber wenn ich ihn finde, werde ich wissen, wo mein Zuhause ist.

Gerüche sind es auch, die mich zu anderen Menschen bringen. Beim Tanzen vermischen sich Körpergerüche mit Parfüm und es entsteht ein neuer, jedem Menschen eigener Geruch. Ich weiß nicht, warum wir ein Vertrauen zu Menschen entwickeln, deren Geruch uns angenehm ist. Darin liegt eine Verführung, die über eine sexuelle Anziehung hinausgeht und die im Charakter der jeweiligen Person begründet liegt, in ihren Ess- und Trinkgewohnheiten, ihren Lieblingsdüften und Stoffpräferenzen. Gerüche öffnen Türen für kurze Gespräche, und wenn uns dann auch noch die Stimme der Person zusagt, wird aus einem flüchtigen schnell ein tiefgründiges Gespräch.

Gerüche ziehen mich an, aber in Stimmen verliebe ich mich. Vielleicht müssten wir darüber sprechen, wie Sprachen unsere Persönlichkeit, unsere Stimme und unseren Tonfall verändern. Wenn ich eine Frau liebe, die nicht meine Sprache spricht, habe ich dennoch das Bedürfnis, sie in meiner Muttersprache anzusprechen. Als du wenige Tage vor deiner Abreise neben mir eingeschlafen bist und ich dir nahe sein wollte, rezitierte ich ein arabisches Gedicht, vielleicht erinnerst du dich. Es war mein Versuch, dir meine eigentliche Stimme zu zeigen, so wie du mir deine Stimme gezeigt hast, die ich so liebe.

Die große Frage, die mir durch den Kopf geht, ist die: Hat eine Stimme einen Geruch?

Vor neun Jahren, zur gleichen Jahreszeit wie jetzt, überquerte ich die Grenze nach Jordanien. Es goss in Strömen, es stürmte und schneite. Eine Woche zuvor hatten wir noch versucht, Bäume zu fällen, um neues Brennholz zu gewinnen, denn es gab keinen Strom und wir konnten uns nur mit Feuer warm halten. Mithilfe von Pinienzapfen (ich nenne sie meine hölzernen Lieblingsblumen) zündeten wir das feuchte Holz an. Ich hatte zuvor gesehen, wie Menschen unter Bomben starben, aber in jener Woche sah ich zum ersten Mal ein Baby erfrieren. Das allein genügte, dass ich das Leben unter freiem Himmel, den Regen und den Geruch von nasser Erde hasste, und diesen Hass trug ich jahrelang mit mir herum. Erst in Deutschland, wo es ununterbrochen regnet, überwand ich dieses Trauma. Zumindest wenn es nur leicht regnet, bekomme ich davon keine schlechte Laune mehr. Aber das Geräusch von Regen und der Geruch, den er auf roter Erde verursacht, hat ein Zerrbild in meinem Kopf hinterlassen. Im Anhang findest du ein Bild von meinem Zelt, wie es einen Tag nach meiner Ankunft im Zaatari-Camp von Wasser überflutet wurde. Jetzt mag ich dieses Foto. Aber nicht seinen Geruch.

أحمد

***

Lieber Ahmad,

deine Nachricht hat mich ziemlich aufgewühlt. Nicht nur wegen der schrecklichen Geschichten an der Grenze – hinzu kommt, auch wenn das sehr unangebracht ist, ein gewisser

Neid darüber, dass du einen Zugang zu deiner Vergangenheit hast. Zu einem alten Damaskus, zu einem Theater, in das du gerne gegangen bist. In deiner Biografie, so stelle ich mir das vor, gibt es ein zwar nicht einfaches, aber normales Vorher und ein chaotisches Nachher. Mein Vorher hingegen ist eine unerzählte Leere und alles ab meiner Geburt ist Chaos. Ich komme irgendwie aus dem Nichts. Das ist natürlich nicht wahr, aber ich weiß auch nicht, was stattdessen wahr ist. Meine Existenz beginnt mit gebrochenen Sprachen, mit gebrochenen Erinnerungen, mit gebrochenen Körpern. Da ist so viel und gleichzeitig so wenig.

Du schreibst von Gerüchen und ich schaudere. Wenn ich zum Beispiel an Gerüche aus meiner Kindheit denke, dann denke ich an das Frittieröl, das meine Eltern von der Arbeit mit nach Hause brachten und das an ihren Haaren und Kleidern klebte, selbst wenn sie es abwuschen. An unsere muffigen, viel zu großen Klamotten, die andere nicht mehr tragen wollten. An Urin und Rauch, deren Schlieren die Wände unseres Asylbewerberheims tapezierten. An das schwere Parfüm meiner Mutter, das sie auf jeder Autofahrt zu besonderen Anlässen trug und von dem mir immer schlecht wurde, aber ihr Stolz wog schwerer als meine Bitte, lieber wie immer zu riechen, was für sie hieß: wie eine Kellnerin oder Fabrikarbeiterin oder Putzfrau. Ich denke an frisch gedüngte Felder, deren Geruch sich schneller in die Nase biss, als wir unsere Autofenster hochkurbeln konnten. Ich denke an Bier. Jeder hier hat etwas zu ertränken: Langeweile, Einsamkeit, Perspektivlosigkeit, Bedeutungslosigkeit. Die Leute quellen davon auf, dünsten den Hopfen aus all ihren Poren, schwemmen damit die ohnehin dünnen Mauern des Anstands weg, aus ihren Mündern sprudeln dann homophobe und rassistische Beleidigungen: «Ihr müsst Deutsch lernen! Was macht ihr hier überhaupt?» Ein Besoffener schrie im Imbiss meiner Eltern: «Ich fackel gleich euer Haus ab!» Einfach so, so beliebig und so sinnlos, und seine Freunde lachten. «Spaß!», sagte er dann und ging mit seinen Bierflaschen und Bierfreunden fort. Weil ich nicht sauer auf ihn sein durfte, war ich sauer auf meine Mutter, die solche Demütigungen mit einem stoischen Lächeln ertrug. «Lass sie», sagte sie müde und wir schwiegen gemeinsam, denn sie konnte mich nicht vor dieser Gewalt beschützen und ich sie auch nicht. Es war Fasching, die ganze Stadt im Rausch, auf dem Heimweg kotzte mir einer vor die Füße. Das andere Gesicht von Bier und Schnaps, dachte ich – nicht mehr kristallklar golden, sondern matschige, süße, säuerliche Brocken.

Und das sind nur die Gerüche, die ich benennen kann. Für das Abscheuliche, das Sinnliche und das Abscheuliche im Sinnlichen hat die deutsche Sprache erstaunlich wenig Worte, und so verschwindet das meiste Hässliche aus meinem Gedächtnis und sucht mich nicht mehr in der Gegenwart heim.

Manchmal frage ich mich, ob ich mich schon damals geekelt habe vor alledem oder ob der Ekel erst später dazukam: als Motor, der mich in eine sichere Distanz brachte. Mit dem Alter versuche ich zu verzeihen und mit mehr Milde zurückzublicken, meine Erfahrungen in einen größeren Kontext zu setzen, sie angesichts des anderen Leids auf der Welt zu relativieren. Aus der Ferne gelingt mir das gut. Nehme ich die Ferne jedoch weg, dann scheint mir der Grat zwischen Verzeihen und Verklären sehr schmal. Intensität lässt sich nicht kleinreden und kleindenken.

Gestern Nachmittag ging ich spazieren und kam an unserem damaligen Asylbewerberheim vorbei: ein orangefarbener, U-förmiger Gebäudekomplex, der der lokalen Bierbrauerei gehörte. Drumherum waren hohe, drahtige Bauzäune aufgestellt, das Banner verwies auf eine Abrissfirma, die Fenster waren bereits entfernt, so konnte der kalte, feuchte Winter einziehen und noch vor Ankunft der Maschinen Schicht für Schicht Erinnerungen zerfressen. Das Gebäude hatte jahrelang leer gestanden, die Behörden befanden es für familienunfreundlich, also für nicht geeignet für asylsuchende Familien. Nun soll es also ganz weg. Ich weiß nicht, warum mich der Umstand bestürzte. Ohne viel nachzudenken, lief ich zur kleinen offenen Stelle im Zaun und schlüpfte hindurch.

Im Hof fiel mein Blick nach rechts, auf die steile Metalltreppe an der Außenwand des ehemaligen Heims. Einmal saß ich ganz oben und ein anderes Kind schubste mich von hinten. Ich purzelte die Stufen hinunter und landete unten voller Blutergüsse.

Nicht das ganze Gebäude war für Asylbewerber reserviert, im kurzen Verbindungsstück befand sich ein Steakrestaurant, ums Eck ein Kino, das zum Club wurde, und direkt daneben, am linken Ende, ein zweistöckiges Häuschen mit Garten. Dort lebten wir nach unserer Zeit im Heim.

Als ich gestern da war, waren die Gartenmauern bereits abgerissen, die Haustür fehlte auch, im Inneren klaffte die Dunkelheit – und ein furchtbarer Gestank. Vielleicht waren es die abgeblätterten Tapeten, der schimmelige Putz, die alten Rohre. Wie riechen wohl verrostete Kabel, abgerissene Teppiche, bloßgelegte Mauern? So? Immer? Oder war das ein ganz eigener Geruch, wie ihn nur Häuser voll Angst und Albträumen erzeugen können?

Ich zögerte erst, dann hielt ich die Luft an, ging rein und

erinnerte mich an nichts. Lediglich diese Treppe mit dem schwarzen Geländer kam mir bekannt vor, aber keine besonderen Geschichten hafteten daran, egal wie lange ich nachdachte. Kein vergangenes Bild überlagerte den gegenwärtigen Gestank. Es fehlten auch alle Innenwände, ich hätte nicht mehr sagen können, welche Räume es in diesem Haus gab, wie wir sie ausfüllten, ob wir sie überhaupt ausfüllten oder ob wir darin hausten wie unerwünschte Geister. Hier komme ich also her, oder vielmehr: Von hier kam ich also raus und hinterließ nichts.

Ich drehte mich nochmal um und machte ein Foto, wahrscheinlich in der Hoffnung, dass die Erinnerungen eines Tages zurückkehren. Die guten. Vielleicht ist das aber auch eine sinnlose Sehnsucht.

Während ich hier schreibe, klappern wenige Räume weiter die Teller, irgendetwas brutzelt. Natürlich. Essen. Morgen reise ich schon wieder ab, dann beginnen unsere Telefongespräche wieder mit einem ganz bestimmten Satz: «Con ăn cơm chưa?» Wörtlich übersetzt: «Hast du schon (Reis) gegessen?»

Durch diese Frage habe ich mich lange bevormundet gefühlt und fand sie furchtbar belanglos. Eine auf einen Satz kondensierte Zusammenfassung einer Eltern-Kind-Beziehung, in der man sich sonst nicht viel zu sagen hat – weniger, weil man nicht will, sondern vielmehr, weil man nicht kann. Erst mit Mitte zwanzig lernte ich andere Kinder vietnamesischer Eltern kennen und stellte fest, dass sie alle dieselbe Frage gestellt bekommen. Ich las die Frage plötzlich als Slogan in hippen Restaurants, sah sie in Memes auf Instagram und begann zu verstehen, wie viel Zuneigung in ihr steckt. Wenn meine Mutter wissen will, wann ich wie viel wovon mit wem gegessen habe, dann erfährt sie mehr von meinem Leben, als sie womöglich von einem «Wie geht's?» erfahren hätte. Denn was heißt schon: «Ach, ganz gut»?

Diese Erkenntnis änderte viel, ich setze Essen seither bewusst ein, um eine Verbindung herzustellen. In einer Recherche für einen Artikel öffnete sich mir ein vietnamesischer Protagonist zum Beispiel erst, nachdem ich ihm für den Altar seines kürzlich verstorbenen Vaters Obst brachte. Stundenlange persönliche Gespräche bedeuteten ihm nicht so viel wie diese kleine Opfergabe, diese Selbstverständlichkeit, die zwischen den Generationen in der Diaspora verloren ging. Inzwischen bringe ich auch Obst für meine verstorbenen Großeltern mit, wenn ich meine Eltern besuche, und ich merke, wie diese Menschen, die erst am anderen Ende der Welt lebten und nun gar nicht mehr, auf diese Weise Teil meines Lebens wurden. Über ein Essensfoto fand ich sogar ein neues Familienmitglied. Es ist erst wenige Tage her.

Für die Geschichte muss ich kurz ausholen: Nach dem «Vietnamkrieg» (in Vietnam heißt er Amerikakrieg) floh der zweitälteste Bruder meines Vaters, also mein Onkel, aufs offene Meer und landete wie viele der sogenannten Boatpeople an der amerikanischen Westküste in Kalifornien. Mein Vater wollte nach der Zeit im Heim zu ihm ziehen, 2003 wurde sein Visum endlich bewilligt, zumindest erklärten meine Eltern damit die vielen nächtlichen Telefongespräche. Plötzlich sollte alles ganz schnell gehen. Nur wenige Wochen darauf starb dieser Onkel aber, und wir blieben in Deutschland. Eher zufällig erfuhr ich letztens, dass er einen Sohn hinterließ, dass dieser Sohn Tùng heißt und dass meine Mutter sogar seine Handynummer besaß, ihn allerdings nie kontaktiert hatte. Ich wusste nichts über meinen Cousin und wollte herausfinden, wer er ist, wie er ist, welche Erfahrungen er gemacht hat. Also schrieb ich ihm auf WhatsApp: ob die Nummer richtig sei? Wegen der neun Stunden Zeitverschiebung antwortete er erst viel später – er sei wirklich Tùng, *nice to meet you, how are you*? Wir smalltalkten, ich schrieb ihm in meiner Aufregung deutlich mehr als er mir und schickte ein paar Fotos. Auf eines davon ging er ein. Es zeigte meinen Vater, wie er gerade das traditionelle Neujahrsgericht zubereitet, *bánh chưng*, nach einem alten Familienrezept. Dafür werden gebratener Schweinebauch, karamellisierte Zwiebeln, zerstampfte Mungbohnen und Klebreis in große grüne Blätter (*lá dong*) gewickelt, die aussehen wie Bananenblätter, aber nicht an hohen Stauden wachsen, sondern am Boden. Mein Cousin schrieb dazu, dass das Bild ihn an seinen Vater erinnere. Er habe bis zuletzt *bánh chưng* gemacht. Bei «bis zuletzt» musste ich schlucken. Er vermutlich auch. Seither fühle ich mich um ein Familienmitglied reicher.

Auch Freund:innen finde ich über gemeinsames Essen. Weil ich keinen Alkohol trinke, bleiben mir wenig andere gemeinsame Aktivitäten; doch Kochen und Essen sind keine Verlegenheitslösungen – ich liebe diese Art, andere Menschen kennenzulernen. Essen ist ein kleinster gemeinsamer Nenner, und gerade weil er so klein ist und gleichzeitig so viel impliziert, erlaubt er eine Augenhöhe, eine Verständigung über sprachliche, kulturelle und soziale Grenzen hinweg. Wenn mir ein Mensch zeigt, wie er oder sie kocht, und zwar nicht einmal, sondern in verschiedenen Situationen, dann bekomme ich ein Gefühl für dessen Haltung zum Leben, zum eigenen Körper und zu anderen Menschen. Ich würde sogar so weit gehen zu sagen, dass ich mich in Menschen verliebe, wenn ich sehe, wie sie kochen. Hinter jeder Bewegung und jeder Entscheidung verbirgt sich ein anderer Charakter.

Meine erste große Liebe kochte in seiner Freizeit für große Gruppen. Bei Zeltlagern hatte er den Überblick über die Vorräte, die Utensilien, die Zeitpläne, die Sonderwünsche. Mit und bei ihm brach nie Chaos aus. Er war gut organisiert, kochte pragmatisch und hielt immer auch eine kleine Überraschung bereit. Am besten war das geschmolzene Käsestück im Knödel. Er hatte so viel zu geben und beeindruckte mich mit seiner Achtsamkeit, die jede seiner Handlungen begleitete. Er ist bis heute der wichtigste Mensch in meinem Leben.

Eine spätere Sommeraffäre lächelte mich mal zum Abschied an und nahm meine Hand, ohne dabei den Blick zu lösen. Er legte etwas hinein. Es war eine beiläufige Übergabe, kein: «Hier, bitte», sondern etwas Besonderes. Ich drehte mich um und öffnete erst auf der Straße meine Faust. Mandeln. Ich freute mich wie ein kleines Kind über Gummibärchen. Er hatte ein großes Talent für solche Momente.

Eine andere Beziehung zerbrach am Essen. Es war nie ein ausgesprochener Grund, aber Essen war einer der Schauplätze für unsere vielen Krisen. Er interessierte sich schlicht nicht für mein Essen, für gar kein Essen, Essen war für ihn nur eine notwendige Nahrungsmittelzufuhr. Mich traf das. Er interessiert sich nicht für mich, dachte ich und wurde das Gefühl nie los. Vor unserer letzten Begegnung, ich war gerade auf dem Weg zu ihm, bekam ich eine SMS: «Hab schon 'ne Pizza gegessen. Würdest du dich selbst versorgen heute?» Es war schon spät, die Stimmung zwischen uns war mies, trotzdem empfinde ich die Nachricht rückblickend als sinnbildlich für unsere Beziehung. Ich versorgte mich selbst und kam nicht wieder. Ich hatte meine Lektion gelernt.

Auch meine Eltern lernen übrigens dazu. Ihr Essen hält nicht nur unsere Familie zusammen, über Essen kommunizieren wir auch mit der Außenwelt. Essen war das Erste und wurde das Wichtigste, was sie Deutschen anbieten konnten.

Als ich letztens meine Eltern in ihrer Mittagspause besuchte (es gab Frühlingsrollen, Reis und gekochtes Gemüse; wir waren fast fertig), da klopfte es an der Hintertür. Der syrische Nachbar. Seit einigen Jahren lebt er mit Frau und drei Kindern in dem Gebäude hinter unserem Imbiss. «Teller?», fragte er grinsend. «Hast du einen Teller?» Er malte mit der Hand einen Kreis. «Wir haben Bohnen.» Meine Mutter eilte in die Küche und gab ihm einen sauberen Teller. «Die haben was gekocht», erklärte sie mir, «manchmal geben sie uns was davon ab.» Ich war überrascht. – «Und das esst ihr …?» – «Klar!»

Dazu musst du wissen: Normalerweise verschmähen meine Eltern mit wenigen Ausnahmen alles, was nicht ostasiatisch oder vietnamesisch ist. Das Bayerische, Griechische und seltener Italienische essen sie, um ihre Integrationsbereitschaft zu demonstrieren, ansonsten brauchen sie ihre Stäbchen, ihren Jasminreis, ihre Gemüsesuppe, ein salziges Fleisch- oder Fischgericht. Zumindest behaupteten sie das immer. Ich habe es daher längst aufgegeben, mit ihnen in Restaurants zu gehen. Sie bissen oft nur höflich ab, kauten gequält darauf herum und aßen zu Hause nochmal Reis.

Kurze Zeit später kam der Nachbar zurück, auf dem Teller stapelten sich große, rote, dampfende Bohnen. Mit ihren Stäbchen pickte sich meine Mutter eine Bohne raus und erklärte mir fachkundig, dass man sie ohne Schale esse. Sie drückte das Bohnenfleisch mit ihren Zähnen heraus und sog Luft ein, um es abzukühlen. «Schmeckt gut», fuhr sie fröhlich fort, «bisschen stark gewürzt.» Letztens habe sie im arabischen Supermarkt sogar selbst diese Bohnen gekauft. Ich erkannte sie nicht wieder, bin auch jetzt noch geschockt, aber ich mag diese Veränderung. Ich hänge dir ein Bild an. Erkennst du das Gericht? Ist das ein Gericht?

Ich freue mich, wenn der Weihnachtstrubel bald vorbei ist und ich dich bald in Berlin wiedersehen und mit dir kochen kann.

Vân

***

حبيبتي فانيسا،

es ist, als würde ich mit dir Brücken über Wellen bauen. Es sind keine festen Brücken, wir sind in ständiger Bewegung, und während wir darauf stehen, tragen die Wellen sie anderswohin, aber wir wissen noch nicht, wohin. So lernen wir, uns nicht vor dem zu sorgen, was kommt, weder vor Armut noch vor Verlust noch vor Tod.

Alle persönlichen Kriege, die wir durchlebt haben oder die ich durchlebt habe, gaben mir zwar mehr Stärke, nahmen mir aber auch Empathie für die Verluste anderer. Lass mich dir ein Beispiel geben: Es macht mich nervös, wenn mich ein enger Freund anruft und mir mitteilt, seine Mutter, sein Vater, seine Schwester oder sein Bruder sei gestorben, und darauf eine emotionale Reaktion erwartet. Ich habe nämlich kein Problem mit der Vorstellung vom Tod, weder philosophisch noch psychisch. Was der Krieg mich gelehrt hat, ist, mich mit dem

Tod, mit meinem und dem der anderen, zu versöhnen. Jede Nacht gingen wir in einen Keller, den wir als Bunker nutzten. Wenn die abendlichen Bombardierungen aufhörten, gingen wir schlafen und am nächsten Tag begruben wir die, die in der Nacht getötet wurden. Wir setzten unseren Alltag fort und abends, bevor der Beschuss wieder losging, sangen wir und improvisierten aus einfachen Zutaten wie Linsen und Bulgur irgendwelche Süßspeisen. Wir mussten das Leben genießen. Wenn wir Raketen am Horizont blitzen sahen, wussten wir, wie viel Zeit wir noch hatten, bis wir wieder in den Keller mussten. Dort unten versuchten wir uns zu zerstreuen, und weil es keinen Strom gab, zogen wir über andere Leute her. Wir hörten die Bomben, und wenn der Lärm endete, warteten wir wieder den Morgen ab, um zu sehen, wer gestorben war. So lebte ich monatelang an der Grenze zwischen Syrien und Jordanien.

Ich merke, dass es dich rasend macht, dass ich mich nicht so über den Rassismus gegen uns aufrege. Vielleicht hat der Krieg mich abstumpfen lassen. Dass ich mit ansehen musste, wie Menschen vor meinen Augen getötet wurden, wie die Geheimdienste des Assad-Regimes Häftlinge foltern, wie die Nusra-Front Menschen misshandelte, die nicht ihrer Meinung waren. Nach alledem glaube ich nicht, dass meine unterkühlten Reaktionen auf Rassismus logisch, gesund oder angemessen sind.

Aber es ist so: Großes Unheil, das anderen widerfährt, bewegt mich einfach nicht. Eher noch empfinde ich Trauer, wenn zwei Personen sich trennen, die ich gernhabe, oder wenn etwas weniger Schlimmes passiert. Zu Beginn der Covid-Pandemie rief mich eine Freundin an. Sie weinte bitter darüber, dass sie ihre Mutter, die in einem Seniorenheim lebte, nicht mehr besuchen durfte, obwohl beide im selben Stadtviertel lebten. Irgendwann hörte sie auf zu schluchzen und fragte mich, wie lange ich meine Mutter nicht gesehen hätte. Auf diesen Gedanken war ich gar nicht gekommen, und ich sagte: «Neun Jahre, aber das ist nicht so schlimm. Für dich ist es neu. Du hast noch nie so eine Krise erlebt. Wir können jetzt nicht zusammensitzen und weinen und unser Unglück vergleichen. Außerdem sind meine Gefühle gegenüber meiner Mutter und meiner Familie eher von Angst um sie bestimmt als von Sehnsucht.» Manchmal hat man einfach keine Zeit für Sehnsucht.

Am selben Tag telefonierte ich mit einer syrischen Freundin, die seit fünf Jahren in Deutschland lebt. Sie wurde in ihrem ersten Jahr hier schwanger, und so drehte sich ihr ganzes hiesiges Leben um ihre Tochter. Sie meinte, sie sei dankbar für die Pandemie, denn nun würden die Deutschen verstehen, wie es ihr seit vier Jahren geht: Niemand ruft an, niemand klopft an die Tür, und man findet keine Telefonnummer von jemandem, der das Kind übernehmen könnte, wenn die Kita zuhat. Sie konnte die Sprache nicht, kannte sich nicht aus und trotzdem wurde von ihr erwartet, dass sie dankbar, fröhlich und integriert ist. Sie glaubte, dass die Leute jetzt verstünden, wie Isolation sich auf das Leben und Arbeiten auswirkt, wie viel Lebensenergie sie raubt.

Das Foto von dem syrischen Essen, das du mir geschickt hast, hat mich an eine Speise erinnert, die ich ganz vergessen hatte. Ich habe daraufhin nach Fotos von Straßenverkäufern in Damaskus gesucht, die gekochte Bohnen anbieten, und mich in die Straßen zurückimaginiert. Damaskus ist für mich heute nur noch eine Ansammlung von Straßen, und wenn ich nun in Gedanken durch sie wandle, verirre ich mich, denn ich weiß nicht mehr, wie sie miteinander verbunden sind. Mein Gedächtnis ist ein vertikales, so wie deine Vorstellung von Brücken vertikal ist. In einem Gedicht habe ich das einmal so ausgedrückt, es wurde auch ins Deutsche übersetzt, von Jessica Siepelmeyer:

Jeden Tag verschwindet eine Straße aus meinem Kopf,
aus Damaskus,
entsteht ein weiterer weißer Fleck auf meiner Karte.
Ich schließe die Augen, gehe durch das Gedächtnis einer
alten Gasse,
erreiche das Ende, stürze.
Weiß nicht mehr, was dort war,
falle tiefer,
in eine andere Straße.
Damaskus vertikal.
Eine Schicht und noch eine Schicht,
kein Anfang und kein Ende.
Die Schichten sind schwer im Kopf,
leicht im Herzen,
schwer in der Erinnerung.

Wie rette ich mich zu dir?!
In Gedanken gehe ich wieder und wieder die Schritte ab,
ich kreise und kreise,
ein Strudel entsteht … eine Mauer … eine Tür.
Ich will nicht fallen in die Vergessenheit.
Gehe hinaus,
will nicht hinaus.

دمشق المعلقة:
يخيفني المطر
وجهُ أمي إذا ما تساقط
يدي؛ منخلٌ يَفرِمُ الماء
لا تحتويه يدي

كل يومٍ يُمحى شارع من رأسي
من دمشق
يصير فراغًا في خارطة خطاي
أغمض عيني وأمشي في ذاكرة زقاقٍ قديمٍ
أهوي في نهايته
– لا أذكر ما كان هناك –
أهوي
أسقط في شارعٍ آخرٍ
تصير دمشق عموديةً
طوابق دون بداية واضحة
دون نهايةٍ إلى آخرٍ
طوابقٍ أثقل في الرأس
خفيفةٌ في القلب
ثقيلةٌ في الذّاكرة

كيف أنجو إليك؟!
أردد ذكر الخطى السابقة
أدور.. أدورٍ
أخلق دوامةٌ .. سورًا.. بابًا
لا أريد السقوط إلى ما نسيت
أخرج
لا أريد أن أخرج

Nun gut, ich denke, ich muss jetzt zu weniger düsteren Gedanken wechseln, aber erlaube mir, kurz daran anzuknüpfen, was du über Gerüche geschrieben hast und wie ein Geruch schmerzliche Erinnerungen auslösen kann.

Ich hatte dir ja mal geschrieben, dass das Verhältnis zu meinem Vater immer kompliziert war, es gleicht einem kalten Krieg. Ich komme bis heute nicht mit seiner dominanten bis autoritären Art zurecht, dafür umschwärmten ihn immer viele Frauen. Er war so etwas wie ein beliebter Diktator und trug immer ein bestimmtes Parfüm: Fahrenheit. Dieser schwere Geruch blieb mir noch lange im Kopf. Viele Jahre nachdem ich Syrien und damit auch meinen Vater verlassen hatte, kaufte ich mir einmal selbst ein Flakon Fahrenheit, obwohl ich es mir kaum leisten konnte, und sprühte es mir auf, obwohl es so aufdringlich roch und ich es nicht mochte. Es passte zur Tyrannei meines Vaters.

Erinnerst du dich an das erste Mal, dass ich dir gegenüber ein wenig ungehalten war? Ich hatte dich und ein paar Freund:innen zum Abendessen bei mir eingeladen, und du warst die Einzige, der mein Reis nicht schmeckte. Das sagtest du mir natürlich nicht, aber trotz deiner freundlichen Art spürte ich es.

Ich bin stolz auf meine Reiskochkünste, alle meine Freund:innen lieben meinen Reis, und da kommst du an und schaust skeptisch. Mittlerweile verstehe ich aber, was es damit auf sich hat. Reis hat mit kollektiven Erinnerungen in einer Gesellschaft zu tun, obwohl er mit dem Kolonialismus in die arabische Welt kam. Aber für mich ist er eben auch eine intime Erinnerung, so wie die Straßen von Paris. Auch mein Verhältnis zu meiner Mutter entwickelte sich in der Fremde übers

Essen. Ich berichte ihr, was ich koche, und frage sie nach der Zubereitung bestimmter Speisen, die ich, egal was ich mache, nie so hinbekomme, dass sie wie bei ihr schmecken. Das ist kein Wunder, denn das Obst und das Fleisch schmecken hier einfach anders. Aber wir wetteifern jetzt auch darin, wer was besser zubereiten kann als der andere. Das hat meine Beziehung zu meiner Mutter gestärkt, sodass ich mit ihr inzwischen auch über meine Freund:innen sprechen kann und darüber, was ich ihnen koche.

Das bringt mich zu einem großen Thema, das ich jetzt aber besser nicht anschneide, denn dieser Brief ist schon sehr lang geworden. Und weil ich die zweite Hälfte in der Sauna geschrieben habe, in die man keinen Laptop mitbringen darf. Außerdem hat mein Kugelschreiber keine Tinte mehr! Wirklich komisch. Das ist das erste Mal seit Jahren, dass mir beim Schreiben die Tinte ausgeht, bevor ich den Stift verlege oder mit einem anderen weiterschreibe.

Ahmad

***

Brücke auf zwei Wellen
September – Dezember 2021

Ahmad,

ich wollte dich eben anrufen, habe mich aber wieder daran erinnert, wie ich dir letztes Jahr aus diesem Kinderzimmer E-Mails schrieb, und mich entschieden, es wieder so zu machen.

Heute habe ich endlich die Äpfel aus dem Garten gesammelt. Jedes Mal, wenn ich auf dem Weg zur Küche an der Terrassentür vorbeilief (und das tat ich in den letzten Tagen oft), wurde mir ihr Anblick schwerer erträglich. Nicht weil sie da rumlagen, sondern weil sie zwischen ungemähten Gräsern, vertrockneten Blumenbeeten und verwilderten Sträuchern rumlagen und ich kaum mit ansehen kann, wie mein Elternhaus zerfällt. Aber das herbstwarme Wetter stimmte mich mild und es ist mein letzter Tag hier.

Gleichgültig gebückt las ich also einen faulen Apfel nach dem nächsten auf, ließ ihn in den süßlich riechenden Eimer voller Ameisen plumpsen und schleppte Eimer um Eimer zum Kompost. Einige Früchte wirkten noch in Ordnung, ich wollte sie erst aussortieren und Kuchen backen, aber mein Ehrgeiz ließ schnell nach. Ich griff immer mechanischer um mich, leerte einen Quadratmeter nach dem nächsten und fragte mich, wie es wohl damals für meine Mutter war, am Fließband faule Gurken auszusortieren. Ob sie dabei beide Arme nutzte oder nur einen? Ob sie über die Jahre eine Bewegung perfektionierte oder sich Herausforderungen ausdachte, um diese stumpfe Arbeit hinter sich zu bringen? Oder schalteten sich ihr Blick und ihre Gedanken allmählich aus, bis sie Feierabend hatte und sie sich zur nächsten Arbeit schleppen musste: uns Kindern und dem Haushalt?

Mein Vater gähnte. Er saß etwas verloren im Schlafanzug auf einer niedrigen Bank, die Knie zusammengedrückt, und schaute in die Luft. Sein Körper war so dürr wie immer, nur fällt das sonst nicht auf, weil er sich so viel bewegt – wie eine Ameise, die in endlosen Straßen Blattstückchen oder Steinchen transportiert. Habe ich dir je von meinem Lieblingsspiel erzählt? Als Kind durfte ich auf seinen Rücken klettern, mein Vater mimte dann mit Zeigefingern an den Schläfen Ameisenfühler und wir krabbelten wild durch den Raum und riefen auf Deutsch: «Ameise! Ameise!» Es war ein Riesenspaß.

Heute Nachmittag aber, unter dem dünn gewordenen Stoff und in dieser seltsam eingesunkenen, ruhenden Haltung, wurde mir erneut klar, wie alt er geworden war.

Vier Tage haben wir nun zusammen verbracht, das erste Mal nur wir zwei. Das erste Mal arbeitete ich, während er sich bemühte, seinen Infekt auszusitzen. Jeden Tag habe ich ihm eine Suppe gekocht, und je länger wir danach noch zusammensitzen konnten, desto leichter wurde mir. Ihm geht es inzwischen wieder besser. Ich denke, ich kann ihn morgen guten Gewissens wieder alleine lassen.

Es war seltsam, diesmal nach Pfarrkirchen zu fahren. Alles war wie immer und doch nicht: Am Bahnhof sonnten sich dieselben beschwipsten Herrschaften, in der Kastanienallee saßen Rentner und Alkoholiker, eine Frau zog ihren Hund hinter sich her, der Asphalt war grau und an seiner Seite parkten polierte Autos. Ansonsten nichts los, im August ziehen sich die Leute hier für gewöhnlich in ihre Häuser oder in ihren Jahresurlaub zurück. Ich muss seltsam ausgesehen haben, so komplett in Schwarz gekleidet, mit meiner prallen Einkaufstüte und einem viel zu schnellen Schritt für diese verschlafene Kleinstadt, aber ich war in irrer Sorge.

Zu Hause angekommen, lief ich sofort ins Schlafzimmer, im Bett lag mein Vater und verzog sein Gesicht: «Du? Was machst du hier?»

Was für eine doofe Frage! *Ich hab es nicht ertragen, dich ganz allein und krank zu wissen*, hätte ich ihm gern gesagt. Stattdessen behauptete ich einen Tick zu fröhlich: «Ich kann doch von überall aus arbeiten!» Und: «Wer soll denn sonst für dich kochen, wenn Mama in Vietnam ist? Hast du schon zu Mittag gegessen?»

«Nein, noch nicht», antwortete er matt, und ich ging in die Küche, legte Hähnchenteile und Zwiebeln in einen Suppentopf, goss Wasser auf und brachte die Brühe zum Kochen, hackte Kräuter, weichte Glasnudeln und Trockenpilze ein. Ich schälte außerdem Ingwer für einen Tee und presste noch eine Zitrone rein, rührte Honig dazu.

Dann setzte ich mich wieder zu ihm ans Bett, diesmal schon etwas milder. Auch ich war müde von der langen Zugfahrt. Ich fragte, ob ihm etwas wehtue. Er habe solche Schmerzen gehabt, sagte er, vor allem beim Husten! Er legte beide Hände an den Kopf: «So», sagte er, «habe ich mir den Kopf halten müssen, wenn ich gehustet hab.» *Warum hast du niemandem was gesagt*, dachte ich. «Hast du Medikamente genommen?», fragte ich. «Nein», sagte er.

An die nächsten Stunden erinnere ich mich nicht mehr, dabei sind sie nicht mal lange her. Ich weiß nur noch, dass er kaum aß und dass ich erst spät nachts, als ich keinen Husten mehr hörte, meine eigene Erschöpfung zuließ.

Über acht Stunden sind es von unserer Berliner Wohnung aus zu meinen Eltern. Früher scherzte ich oft, dass Hanoi auch nicht viel weiter weg wäre. Natürlich ist das Quatsch, die Flüge nach Vietnam dauern mindestens doppelt so lange wie eine Zugfahrt nach Niederbayern, und in Kilometern gemessen ist Hanoi dreizehnmal so weit weg. Aber es gibt ja noch die gefühlte Distanz, und was ich hier vorfand, könnte nicht weiter weg sein von dem Leben, das wir uns in den letzten Wochen aufgebaut haben.

Ich musste wieder daran denken, wie du zum ersten Mal meine Eltern und ihr Haus kennengelernt hast. Einen Monat ist das nun her. Es war seltsam, ich habe schon als Teenager kaum Freund:innen nach Hause gebracht, weder in unsere früheren Wohnungen (wir sind oft umgezogen) noch in dieses Haus. Dabei war dieses Haus der Höhepunkt unseres Aufstiegs. Wir alle hatten davon geträumt. Meine kleine Schwester und ich hatten uns als Kinder immer was zum Einschlafen gewünscht, und meistens sagte eine: «Dass du das Licht ausmachst», und die andere: «Ein Haus.» Seit über zehn Jahren haben wir nun dieses Haus und es ist ganz anders als in unseren Träumen: eine Bruchbude.

Versteh mich nicht falsch, ich bin nicht enttäuscht. Wir hatten schon immer wenig Besuch. Damals dachte ich, es läge daran, dass meine Eltern so viel arbeiteten und irgendwann ihren Imbiss hatten, wo man sich eher traf als bei uns zu Hause. Heute denke ich, dass vor allem mein Vater einfach nicht so kompatibel ist mit den meisten anderen Menschen und dass das mit den Jahren schlimmer wurde und meine Mutter keine andere Wahl hatte, als sich mit ihm zu isolieren. Unser Haus war also nie dazu da, um gesehen zu werden. Hier wollten wir einfach nur sicher und frei sein und das Ergebnis war Chaos.

Wir sahen zwar die geordneten Lebensentwürfe in Möbelhaus-Ausstellungen und auf den Magazin-Covern vor den Supermarktkassen; wir hatten diese aber nie wirklich einstudiert und beließen es dabei, daran vorbeizugehen. Baumärkte überfordern mich bis heute, vor allem die grelle Lampenabteilung, aber auch die vielen kleinen Schrauben und Winkel.

Manchmal denke ich, das Chaos in unserer Biografie, das Chaos in unseren Köpfen – es hat sich in unserem Haus einfach materialisiert. Über die große Leere kippten wir unnütze Dinge, schichteten sie übereinander, hängten sie an die Wand, stopften sie in Regale und unter den Tisch, und dazwischen stellten wir Pflanzen, unzählige Orchideen und Mitbringsel aus Vietnam wie den Jasminstrauch oder die Königin der Nacht, die nur eine Nacht lang blüht.

Und nun, wo mein Vater krank ist und meine Mutter weit weg in Vietnam bei ihren Eltern, jetzt, wo nichts Dringendes zu tun ist und mich nichts ablenkt, da liegt das alles blank, die ganze Absurdität unserer Ankunft in diesem Land.

Manchmal habe ich das Bedürfnis, den Ramsch auszuräumen und nachzusehen, ob die Leere darunter wirklich eine Leere ist, oder schlimmer. Aber alles mit der Zeit.

Ich freue mich, erstmal wieder in mein neues, geordnetes Leben zurückzufahren, zu dir.

Was hast du eigentlich gesehen, als du vor einigen Wochen hier warst? Wir haben irgendwie nie darüber gesprochen. Und eigentlich haben wir auch nie darüber gesprochen, wie euer Haus ausgesehen hat.

Vanessa

***

عزيزتي فانيسا،

Ich schreibe dir aus dem Zug. Ich bin auf dem Weg nach Hause – unser Zuhause. Was für ein schöner Satz! Heute Morgen habe ich dich verlassen, ohne dir, wie sonst an Sonntagen, Pfannkuchen mit Zaatar und Käse zu machen. Ich werde erst spät ankommen und habe kaum Hoffnung, es noch in die Schaubühne zu schaffen, obwohl ich dir versprochen hatte, ich würde irgendwo im Dunkel des Zuschauerraums sitzen und dir zuhören, wie du mit jemandem in einer Sprache sprichst, die zu verstehen mir viel Konzentration abverlangt. Aber auch wenn mein Deutsch versagt, ich würde dich sehen und mich freuen. Ich sitze gern in der Dunkelheit und schaue dich an, wenn du im Licht stehst.[1]

Vor einigen Monaten rief mich ein Künstler an und sagte, dass er meine Gedichtsammlung gelesen habe und meine Gedichte sehr gut zu seinem Projekt «Eine Brücke für die Utopie» passen würden. Das war seltsam, denn in keinem meiner Gedichte geht es auch nur einmal um Brücken. Jedenfalls bat er mich, auf dem Festival vorzulesen, das er organisierte. Ich erklärte mich einverstanden, obwohl die Veranstaltung in einem weit entfernten kleinen Dorf bei Lüneburg lag, das Honorar sehr bescheiden und das Datum ungünstig war. Ich mochte einfach den Zufall, dass die Einladung mich erreichte, nachdem ich dir über Brücken geschrieben hatte.

Jedenfalls fand das Festival in der Nähe einer alten Brücke statt, die im Zweiten Weltkrieg von den Amerikanern bombardiert worden war. Dabei wurden viele Menschen getötet, aber die Alliierten wollten den Krieg schnellstmöglich zu Ende bringen, und es wurde hingenommen, dass ein paar Leute auch durch Verbündete starben. Wir hören wenig von solchen Fällen, weil sie im Namen der Freiheit und Demokratie geschehen, die Diktatur ja letztlich gestürzt wurde und den Entrechteten Recht gegeben worden ist. Aber es ist schon paradox, wenn Opfer von Kolonialismus oder Diktatur durch diejenigen sterben müssen, die ihnen angeblich Gutes wollen. So ist es auch immer wieder im Nahen Osten.

Was mich in dem niedersächsischen Dorf am meisten faszinierte, war die reine Luft. Es war, als atmete ich zum ersten Mal. Weißt du, wie stickig die Luft in Berlin ist? Dort in dem Dorf war die Luft noch schöner als die alte Brücke. Deshalb möchte ich dir, bis ich zurück in Berlin bin, meine Luftgeschichten erzählen.

Als ich klein war, erzählte ich meiner Mutter, dass sie uns in der Schule gesagt hätten, dass jede Stadt und jedes Dorf für irgendetwas bekannt sei. Wofür denn das Dorf bekannt sei, aus dem sie ursprünglich kommt, fragte ich sie deshalb. Und obwohl ich wusste, dass die Region um Daael im Süden Syriens für Oliven, Tomaten und Weizen bekannt ist, antwortete sie etwas Unerwartetes, woran ich mich bis heute erinnere: «Die gute Luft», sagte sie. «Die Damaszener träumen davon, nach Daael zu gehen und sich dort Luft zum Mitnehmen in Tüten zu füllen.»

Ach, Vanessa, gerne hätte auch ich dir eine Tüte guter Luft mitgebracht!

Dorffrauen wie meine Mutter waren in Syrien früher offener als viele Stadtfrauen, denn sie arbeiteten auf den Feldern und mischten sich von ihrer Kindheit an unter alle Leute. Auch die Häuser waren nur durch Höfe und niedrige Mauern voneinander getrennt, die man aus vulkanischen Lesesteinen ohne Zement aufhäufte. Es waren nur angedeutete Grenzen, ganz anders als in Damaskus, wo ich geboren wurde. Dort fanden gegenseitige Besuche seltener und häufig nach Geschlechtern getrennt statt.

Meine Mutter hat wenig Bildung genossen, aber sie ist die Einzige, mit der ich über die komplexesten menschlichen Beziehungen reden kann. Mein Vater dagegen reagierte wie dein Vater rassistisch, als er erfuhr, dass ich mit einer Vietnamesin zusammen bin. Meine Mutter kommentierte deine Herkunft gar nicht. Sie fragte mich nur, und das war viel klüger von ihr, welche Konsequenzen sich aus so einer syrisch-vietnamesisch-deutschen Beziehung ergeben würden. Außerdem fragte sie mich nach deinem Leben. Als ich ihr von deiner Arbeit und deiner Beziehung zu deiner Familie erzählte, sagte sie, sie vertraue meiner Entscheidung. Und so nahm sie dich an und begann dich zu mögen. Warum haben unsere Mütter mehr soziale Intelligenz als unsere Väter? Aber lassen wir diese Fragen. Ich wollte von Luft und von meiner Mutter sprechen.

Meine Mutter hatte ihren Vater schon jung verloren. Und als ich selbst noch klein war, erzählte sie mir – und ich glaube: nur mir –, dass sie während ihrer Schulzeit Schafe hütete, um ihre Mutter finanziell unterstützen zu können. Die Luft im Dorf sei am Morgen besonders gut gewesen, aber eines Tages habe ihr diese Luft den Geruch einer Banane in die Nase getragen, die halb gegessen am Wegrand lag. Meine Mutter aß sie auf und roch die Luft fortan ganz anders. Diese Geschichte, die ich mit zehn Jahren hörte, ließ mir den Atem stocken, und ich musste immer wieder daran denken, wenn ich Geld verdiente oder verlor oder einen guten oder einen anstrengenden Job hatte. Was mir meine Mutter mit dieser Geschichte sagen wollte, war, dass ich in Geschichten, die das Leben schreibt, und in Büchern nicht zu sehr nach Perfektion und Weisheit suchen solle, denn die ehrlichsten Geschichten waren die, die sie mir von ihrem durchwachsenen Leben erzählte, nicht die Heldengeschichten, die mein Vater und Großvater erzählten und die von Siegen und Männlichkeit handelten. Solche Geschichten erzählen wir Männer. Meine Mutter öffnete mir ein Fenster zu Geschichten ohne Sieger und ohne wohl fabrizierte Plots. Dadurch begann ich Geschichten zu lieben, die Fragen in mir provozierten, statt Antworten vorzugeben.

Sie erzählte mir auch, wie arme Menschen Luft nutzen können, um Spaß zu haben. Als Kinder klauten sie leere Ölkanister, verschlossen sie luftdicht und banden sie sich als Schwimmhilfe an den Körper.

Sicher war die Luft im Dorf deines Vaters auch sauber und nicht wie die, die ich in deinem Zimmer geatmet habe. Vielleicht konnte ich auch einfach nicht frei atmen, weil ich bedrückt war. Es war mein erster Besuch bei euch, ich hatte keine gemeinsame Sprache mit deinen Eltern, keine gemeinsamen Erinnerungen, keine gemeinsame Kultur. Es war eine große Prüfung, auch wenn ich nicht viel erwartet hatte. Denn nur weil bei uns Einwanderern die Türen allen Fremden offen stehen, wenn sie etwas brauchen, heißt das nicht, dass wir uns auch innerlich öffnen. Bei dir zu Hause traf ich auf deine Erinnerungen, was ein eigenartiges Gefühl war. Eine davon habe ich mitgehen lassen, aber ich sage dir nicht, was es ist.

Du wolltest wissen, wie es sich für mich angefühlt hat, dein altes Zimmer zu sehen: Es war eine seltsame Erfahrung, aber nicht, wie du befürchtet hattest, weil ich die vielen Persönlichkeiten entdeckte, die in diesem Zimmer gelebt hatten, bevor sie zu der Frau wurden, mit der ich jetzt zusammen bin. Was mich mit dir verbindet, ist, dass wir beide eine Vergangenheit voller Brüche haben, und die werden in unseren Zimmern ebenso sichtbar wie in unseren Erinnerungen. Ich war darauf eingestellt, eine Vanessa zu sehen, wie sie war, bevor die Großstädte sie aufsogen: München, Paris, London, Brüssel, Hanoi, Berlin. Ich sah eine Jugendliche, die ihr Zimmer nicht aufräumte, und so fand ich Zettel, Bücher, Briefbögen, Prüfungsübungen und To-do-Listen von vor über zehn Jahren vor. Ich befand mich in einem Museum der Erinnerung und verbrachte Stunden mit der Betrachtung von Details, von Staub auf Bildern, CDs und in Regale geworfenen Souvenirs. Mein Gefühl der Befremdung entsprang meiner Unfähigkeit, meine Gefühle zu verstehen, der Unmöglichkeit, in der eigenen Erinnerung konkrete Einzelheiten zu sehen und auf sie zuzugreifen. Ich war unentschieden, ob es besser ist, derartige Erinnerungen zu behalten oder sie hinter sich zu lassen. Ich selbst habe keinen Ort, an den ich zurückgehen kann, um Erinnerungen neu zu betrachten. Die vielen Wohnungen, in denen ich lebte, waren immer nur Provisorien, in denen ich nicht einmal versuchte, Erinnerungen zurückzulassen. Die meisten meiner Erinnerungen liegen unter den Häusern, in denen ich in Syrien lebte. Andere landeten in den Taschen, die meine Familie packte, um irgendwo hinzuziehen, wo sie sicherer vor dem IS waren, der unsere Gegend überfallen hatte, und schon bald wurde unser Viertel zum Kampfgebiet aller gegen alle: des IS, anderer islamischer Milizen, der Freien Syrischen Armee und des Regimes.

Erst acht Jahre später konnten meine Eltern ihr Haus wiedersehen. Das Assad-Regime kontrollierte jetzt das Viertel, und es sah aus wie eine Geisterstadt. Das Haus stand noch, aber irgendeine Konfliktpartei hatte es ausgeraubt und alles mitgenommen, was noch von Wert war, sogar die Türen. Nur meine Bücher waren noch da. Mein Bruder hat mir ein Foto geschickt, wie die Bücher achtlos in einer Ecke lagen. Schimmel hatte sich auf ihnen gebildet, dazwischen lag eine weiße Plastikplane, es sah aus wie eines dieser Leichenfotos, die

um die Welt gingen. Die Mörder hatten ihre Opfer ebenso achtlos einfach irgendwo hingeworfen, anstatt sie zu begraben. Ich merkte, wie viel mir die Erinnerung an jene Bücher bedeutete, obgleich ich die letzten Jahre über kaum an sie gedacht hatte. Aber als ich sah, wie meine Bücher wie die vielen Leichen in der Ecke verwesten, wurde ich überwältigt von Gefühlen, wie ich sie in Bezug auf Erinnerungen nie gekannt hatte. Ich hatte diese Tür emotional geschlossen und war mit ihnen so distanziert wie mit irgendwelchen alten Geschichten umgegangen. Ich sah das Foto auf meinem Handydisplay und konnte den Schimmel hindurchriechen.

Jetzt, im Zug nach Berlin, habe ich ein Bedürfnis nach frischer Luft. Hier im Abteil ist die Luft drückend. Damit meine ich nicht, dass sie stickig ist, was sie natürlich auch ist, sondern dass sie voll ist mit dem Atem Tausender müder Menschen, deren Erinnerungen sie trägt. Sie ist so schwer davon, dass ich kaum schaffe, sie zu atmen.

في بيتنا هواء لنا
كلما عدنا إلى البيت
نغلق الشبابيك ونحكي كثيرًا
أصواتنا تكسر الهواء
فيصبح له رائحة
رائحة تحمل أثقال المدينة عن رإسي
رائحة تخدر رأسي

In unserem Haus gibt es Luft für uns
und immer wenn wir dorthin zurückkommen,
schließen wir die Fenster und reden lange.
Unsere Stimmen zerbrechen die Luft
und geben ihr einen Geruch.
Dieser Geruch nimmt mir die Schwere der Stadt aus dem
Kopf
und macht mich benommen.

Ahmad

***

Lieber Ahmad,

ich musste bei deinem Bücherfoto auch schlucken. Selbst wenn es nicht meine waren, setzt es mir zu, Bücher in so einem Zustand zu sehen. Ich werde ja schon ganz unruhig, wenn Menschen Eselsohren machen oder mit bunten Stiften reinkritzeln (Bleistift ist okay). Für mich sind Bücher unendlich wertvoll, vielleicht auch, weil wir uns lange Zeit keine leisten konnten. Ich lieh meine ersten Bücher aus der Stadtbücherei, und von den Büchern, die ich später kaufen konnte oder geschenkt bekam, habe ich es nie fertiggebracht, auch nur eines wegzuwerfen, lieber habe ich langweilige oder unangenehme Titel einfach irgendwo versteckt.

Was mich ebenfalls gerade beschäftigt, ist dein Vergleich mit Leichenfotos. Ich frage mich, ob ich auf Leichensäcke anders reagiert hätte als auf zerfledderte Bücher. Denn ist es nicht so, dass zwar der Tod von Menschen tragisch ist, aber die Bilder davon es längst nicht mehr sind? Der Schock über neue Kriege wird schnell von moralischen Debatten und dann von Resignation überlagert, Bilder von Trümmern und weißen Säcken rauschen dann vorbei wie Werbeanzeigen. Vielleicht bin ich durch meine journalistische Arbeit besonders abgestumpft, aber es scheint mir schon auffällig, dass Kriegs- und Fluchtgeschichten die Menschen hier irgendwann nur noch über andere, dritte Motive erreichen, Tierleid zum Beispiel.

Ich nehme mich da gar nicht aus. Von Ari Folmans «Waltz with Bashir» (2008) blieb mir vor allem die Szene mit einem gefallenen Pferd hängen, über dessen offenes Auge kleine Fliegen krabbeln. Und 2016, als die westliche Welt bereits gesättigt war von dramatischen Fluchtgeschichten, ging ein herzzerreißendes Video[2] über eine weiße Katze namens Kunkush viral. Sie gehörte einer irakischen Familie, die über Griechenland nach Deutschland geflohen war. In Griechenland ging die Katze verloren, über eine internationale Suchaktion konnte sie jedoch zu ihrer Familie zurückgebracht werden und es gab ein tränenreiches Wiedersehen. Und ja, auch ich verdrückte ein Tränchen. Auch aus der Ukraine sehe ich immer wieder solche Tiergeschichten.

Ich möchte nicht so weit gehen, zu behaupten, dass die Menschen hier mehr Mitgefühl für Tiere haben als für Flüchtlinge oder Migrant:innen – und selbst wenn dem so wäre, will ich sowas nicht glauben, um mir meine eigene Menschlichkeit oder die Illusion davon zu bewahren. Vielleicht eröffnen dritte Motive eher Zugänge, die schon verschlossen waren, aus welchen Gründen auch immer. Ein Stück weit verstehe ich es ja, wenn Menschen sich vom Weltgeschehen überfordert fühlen und kein zusätzliches Leid mehr aufnehmen wollen. In den letzten Monaten überkam mich ebenfalls eine immer größer werdende Erschöpfung und ich bin froh, mir eine berufliche Auszeit genommen zu haben und im Sabbatical ab und an mit dir zu reisen. Für mich war klar, dass eine der Stationen Frankreich sein sollte, vor allem das buddhistische Kloster und Meditationszentrum Plum Village in der Nähe von Bordeaux.

Nachdem wir uns so intensiv über die koloniale Vergangenheit von Vietnam und Syrien ausgetauscht haben und offenbar beide eine sehr prägende Zeit in Paris hatten, wollte ich auch ein paar Tage dort verbringen. Ich war seit meinem Auslandssemester vor zehn Jahren nicht mehr dort und es war ein befremdliches Gefühl, wieder meine damalige Universität im malerischen Stadtzentrum zu sehen und mein damaliges Wohnheim im schäbigen Norden. An vielen Gebäuden und Haltestellen poppten verblasste Erinnerungen auf, an anderen nur eine Ahnung von Straßennamen, Gesichtern und Geschichten. Ich versuchte mich mit zunehmender Verzweiflung an Details zu erinnern: Welche Worte mir fremde Gestalten nachts ins Ohr flüsterten, wo mein liebster Crêpe-

Stand war, hinter welchem der vielen Fenster ich wohnte, ja sogar wie es zu den Gebäuden ging, in denen ich immerhin ein halbes Jahr lang studiert hatte. Nun stand ich erneut vor all diesen Orten und fühlte mich wie eine Schwindlerin, die in Wahrheit nie in dieser Stadt war und die dir nun irgendwelche Geschichten zusammenreimte. Es war mir nicht nur unangenehm. Hinzu gesellte sich ein weiteres Gefühl, das ich erst jetzt benennen kann: Angst.

Ich habe ein eigenartiges Verhältnis zu Erinnerungen, ich hüte sie wie Schätze und sorge mich ständig, sie zu verlieren. Ich empfinde Erinnerungen als Beweise meiner Existenz und als Existenzberechtigung. Und für meine Arbeit gibt es nichts Wichtigeres, als sich korrekt zu erinnern oder die Erinnerungen anderer zu verifizieren. Je detailreicher, je überprüfbarer, desto besser, desto wahrer. Und wo greifbare Erinnerungen enden, dort beginnt die Welt der Lügen. Das gilt umso mehr, wenn die Existenz aus welchen Gründen auch immer angezweifelt wird.

Vielleicht hast du davon gehört: Vor wenigen Jahren, 2018, wurde ein preisgekrönter Journalist enttarnt, der für seine Reportagen unzählige Details erfunden hatte: Lieder, die im Hintergrund gelaufen sein sollen. Treppenstufen, die seine Protagonist:innen beschritten haben sollen. Ja selbst Temperaturen, Berufe und Straßenschilder dachte er sich aus. Er ist offenbar sogar zu seinen Schauplätzen gereist und hatte dort echte Menschen interviewt. Was später im Text landete, entsprang allerdings seiner rückblickend nicht mal sonderlich originellen Fantasie. Die Öffentlichkeit und seine Redaktion ließen sich aber von der Macht der Kleinigkeiten täuschen. Seine Enthüllung machte auch international Schlagzeilen, danach erschienen Bücher, Dokus, Filme, sogar ein Theaterstück.

Zwei Jahre später jedenfalls, 2020, erhoffte sich ein Boulevardjournalist, in mir die nächste Hochstaplerin zu finden. Er rief eines Tages einfach an und gab vor, Fragen zu einer meiner früheren Geschichten zu haben. Ich kannte ihn nicht, es war Hochsommer, ich saß im Zug, die Verbindung war schlecht, ich ging überfordert aus dem Großraumabteil in den Eingangsbereich. Diese «Fragen», merkte ich schnell, waren eigentlich ein Verhör. Er ging immer tiefer ins Detail und schien regelrecht darauf zu lauern, dass ich mich in Widersprüche verstricken würde. Und ich ließ ihn immer penetranter in intimsten Erinnerungen bohren, konnte ihn nicht stoppen, sagte Sätze wie: «Das weiß ich jetzt nicht mehr so genau», und kam mir vor, als hätte ich ein Geständnis abgeliefert. Danach fühlte ich mich einfach nur leer und missbraucht.

Besagter Text drehte sich um meine Kindheit im Asylbewerberheim[3], um meine Familie und unsere ständige Angst vor Abschiebung. Ich war monatelang damit beschäftigt, meine Kindheitserinnerungen zurückzuholen, zu sortieren, sie mit anderen abzugleichen, sie auch wieder zu korrigieren: War die Reisetasche im Flur grau oder lila oder grün? Was war da drin? Wie hießen meine Freundinnen? Was genau wollten die Behörden von uns, und wann? Ist das plausibel? Was war die damalige Rechtslage? Es war ein emotional aufwühlender Prozess und eine kleinteilige Recherche. Nach einem halben Jahr stand die beste Fassung, die ich zum damaligen Zeitpunkt hätte rekonstruieren können, und dennoch blieben natürlich offene Fragen und Zweifel, die sich plötzlich wie Geschwüre ausbreiteten. Ich dachte also: Das war's. Das ist mein Ende. Vielleicht gab es ja wirklich einen Fehler? Vielleicht habe ich mich falsch erinnert? Und was gäbe es als Journalistin Verwerflicheres, als eine falsche Biografie zu verbreiten?

Ich malte mir aus, wie er eine große Enthüllung schreiben und mich demontieren würde und wie sich alle wie Bluthunde darauf stürzen würden, weil es für Menschen wie mich egal ist, wie abstrus Vorwürfe sind. Jeder Fehler wäre ein Fehler zu viel. Ich käme niemals aus der Sache heraus. Und ich konnte nicht anders, als tagelang zu weinen, ja zu schluchzen, mitten auf der Straße, in der Küche, im Gespräch mit Freund:innen, einfach so und ohne Ende. Ich, die sonst lieber nicht oder nur heimlich weinte, fing einfach an und wusste irgendwann nicht mal mehr, warum: Jedenfalls nicht wegen des Anrufs oder der schriftlichen Nachfragen oder der Untersuchungen durch meinen Arbeitgeber. Nicht mal wegen meiner Zukunft. Der Kummer saß tiefer.

Eine befreundete Person, die ebenfalls vietnamesische Eltern hat, fand schließlich die treffenden Worte für meine mentale Abwärtsspirale: «Wenn er denkt, dass du lügst, dann denkt er, dass wir alle lügen. Dass deine Geschichte nicht existiert. Dass wir alle nicht existieren.»

So war es: Ich fühlte mich schrecklich allein und meiner Existenz beraubt, die ich so mühsam zusammengekratzt und in Textform gegossen habe. Wie damals, als uns noch die Behörden und fremde Leute auf der Straße unvermittelt kleinliche Fragen nach unserer Herkunft stellten, als lauerten sie nur auf einen Fehler in unserer Biografie, auf einen Grund, um uns fortzuschicken.

Wir saßen am Landwehrkanal, uns gegenüber standen Wohnblöcke, die in der kühlen Dämmerung immer grauer wurden. Sie holte aus: Hätte der Journalist über sich geschrieben, er sei in einem Reihenhaus aufgewachsen und hätte seine Sommer auf dem Bolzplatz verbracht – niemand wäre darauf gekommen, eine solche Geschichte zu hinterfragen. Solche

Geschichten werden millionenfach wiederholt und mit jedem Mal werden sie mehr wahr. Aber Essenspakete? Abschiebedrohungen? Nächtliche Suchkommandos? Wer hat schon von sowas gehört? Wer will schon sowas hören?

Der Journalist, sagte sie, könne mich nur angreifen, weil ich alleine sei – noch. «Wenn er veröffentlicht, dass deine Geschichte nicht sein kann, dann veröffentlichen wir einfach alle unsere Geschichten!»

Ich musste schmunzeln und malte mir eine Welt aus, in der auch Menschen, die in Asylbewerberheimen aufgewachsen sind oder mehrere Jahre ihres Lebens dort vergeuden mussten, selbstverständlich meine Kolleg:innen sind, Kunst oder Politik machen oder anderweitig öffentlich sichtbar sind. Eine Welt, in der man nicht um solche Erinnerungen kämpft und sich am Ende dafür schämt, sondern sie ganz selbstverständlich teilt: *Ach, Sie waren auch in diesem Heim? Oh ja, der zuständige Beamte war richtig fies! In welchem Zimmer waren Sie? Waren die nächtlichen Schachturniere nicht ein Riesenspaß?*

Wie schön es sein muss, seine Erfahrungen einfach so teilen zu können! In unseren ersten Lebensjahren lernen wir Ansprachen und Bedürfnisse: Mama, Papa, ich, du. Essen. Jetzt. Sofort. Aber irgendwann erzählen wir vom letzten Wochenende, von den letzten Ferien, von den Besuchen bei Oma und Opa, und es geht das Leben lang so weiter: *Weißt du noch? Letztens, auf der Party? Damals, im Urlaub? Vor zehn Jahren, bei der Familienfeier?* Ich habe mich nie an derlei Gesprächen beteiligt, aber ich konnte beobachten, wie viel Spaß den Leuten dieses Anekdoten-Pingpong macht. Wie Ähnlichkeit euphorisiert. Ich hatte in Deutschland aber keine Großeltern, überhaupt bin ich ohne Verwandte aufgewachsen, wir haben keine Wochenendausflüge oder aufregende Fernreisen gemacht. Mir blieb also nichts anderes übrig, als den Lach- und Saufgeschichten anderer zuzuhören.

Doch wenn Wahrheit durch Wiederholung etabliert wird – was passiert, wenn es kaum Gelegenheit für Wiederholung gibt, weil die eigene Perspektive so abseitig, so unerwünscht ist? Und wenn das, woran wir uns erinnern, unsere Identität formt – was passiert, wenn wir vergessen? Können wir unsere Identitäten auf vergessenen Geschichten bauen? Wer kann seine Identität auf vergessenen Geschichten bauen?

Ich muss meinen Satz von weiter oben ergänzen: Ich hüte meine Erinnerungen – die wenigen, die ich behalten konnte – wie Schätze und sorge mich ständig, sie zu verlieren. Denn ich kann es mir nicht leisten, sie zu verlieren. Ich habe kein kollektives Gedächtnis, auf das ich zurückgreifen könnte.

Meine Erasmus-Erinnerungen habe ich zum Glück in einem Blog festgehalten, das ich nur mit Familie und Freund:innen geteilt hatte. Ich habe es für diesen Brief wieder geöffnet, die meisten Einträge lesen sich inzwischen wie von einer Fremden. Mein Fazit zum Beispiel: *Paris wird für mich immer nach pinker Grapefruit riechen.* Selbst wenn ich das Foto dazu sehe und mich anstrenge – dieses Detail bleibt eine verblasste Ahnung. Aber ich kann meinen Frieden damit schließen, wissend, dass andere Erinnerungen dafür noch sehr lebhaft sind. Vielleicht erzähle ich dir ein andermal davon.

Ich drücke dich

Vanessa

* * *

رفيقتي فانيسا،
Rafiqati Vanessa

Als es in Plum Village immer stärker auf unser Zelt regnete, lief ich nicht davon, wie ich es immer tue, wenn meine Regen-Erinnerungen hochkommen. Ich legte meinen schweren Kopf in deine Arme und schlief ein.

Aber lass mich meine Geschichte neu sortieren. Als wir letzte Woche zum Abendessen bei Freund:innen waren, hast du all die schrecklichen Dinge aufgezählt, die uns auf unserer Frankreichreise widerfahren waren: wie mir in Paris mein Handy gestohlen wurde, wie schwer und sperrig die Reisetasche mit dem Zelt und den Campingsachen war, wie die Rollen kaputtgingen und wir diese Tasche durch die Metro schleppen mussten, wie die Temperaturen in Südfrankreich überraschend fielen und wie wenig wir darauf vorbereitet waren, wie sehr wir froren und uns erkälteten, wie wir nicht von dem Ort wegkamen, weil gestreikt wurde und Züge ausfielen, wie schmutzig das Hotel war, das wir notgedrungen buchen mussten.

Trotzdem, das habe ich dir immer wieder gesagt, fand ich unsere Reise bereichernd. Das Wort «Angst» versuche ich immer zu vermeiden, aber inspiriert durch deinen letzten Brief möchte ich dir anhand meiner Gedanken zur Angst sagen, warum ich diese schwierige Reise nicht bereue:

Angst um dich und um den Dieb

Kaum stiegen wir nach einer strapaziösen Anreise aus Berlin in Paris in die Metrolinie Nummer vier, drängten sich ein paar Jungs um uns. Einer griff in meine Tasche und ich packte ihn am Arm, doch er entwischte mir. Weil ich wusste, dass du es nicht magst, wenn Leute vor deinen Augen streiten, ließ ich ihn unkommentiert ziehen. Kurz darauf begriff ich jedoch, dass er mein Handy hatte, sprang aus der Metro und rannte ihm bis zu einer Treppe hinterher. Ich boxte ihn und drückte ihn und seine beiden Begleiter hinter ihm gegen die Wand; es war das erste Mal seit langem, dass ich meinen Körper gegen andere einsetzte. Die drei bekamen Panik, mein Handy fiel zu Boden, ich schnappte es mir und lief zu dir zurück. Es kam mir nicht in den Sinn, die Polizei zu rufen. Irgendwie hatte ich Verständnis für die Jugendlichen, die wahrscheinlich illegal eingewandert waren, keine Papiere hatten und für den Staat nicht existierten. Man kann von jemandem, der keine gleichen Rechte hat, nicht verlangen, dass er sich so vorbildlich benimmt wie ein Staatsbürger.

Als wir wieder in die Metro einstiegen, dachte ich daran, dass mir so etwas Ähnliches schon einmal passiert war, bei meinem ersten Fluchtversuch aus Syrien nach Jordanien. Ich hatte schweres Gepäck dabei und vor mir lag ein langer, holpriger Weg. Als wir Geflüchteten beim jordanischen Grenzschutz anstanden, um uns registrieren zu lassen, kam es zu einem furchtbaren Gedränge, dabei kam mir mein Handy abhanden. Als die Jordanier uns zurück über die Grenze schickten, weil am selben Tag ein Erlass ergangen war, dass alleinstehende Syrer nicht mehr einreisen durften, gab der Dieb mir mein Telefon zurück. Er war ebenfalls gerade abgewiesen worden, und ich empfand keine Wut auf ihn. Wir steckten beide in einer großen Misere und hatten Angst. Jederzeit hätte ein Heckenschütze des Assad-Regimes auf uns schießen können. Wir mussten rennen, denn der Morgen dämmerte bereits und die Landschaft, über die wir orientierungslos liefen, in der Hoffnung, irgendein Dorf zu erreichen, wurde immer heller. Der, der mich bestohlen hatte, half mir nun beim Tragen meines Gepäcks, während wir über endlose Wein- und Olivenfelder stolperten.

In der Pariser Metro war ich genauso erschöpft wie vor zehn Jahren zwischen Syrien und Jordanien, aber für dich und mich ging es in eine Wohnung im Stadtzentrum, wo wir zwei Tage bleiben würden, bevor wir weiter in den Süden zogen. Zehn Jahre zuvor hatte ich nicht gewusst, ob ich überleben oder wo ich landen würde. Damals erreichten wir schließlich ein Dorf und gingen in die Moschee, um uns ein wenig auszuruhen. Es gab keinen Strom, denn das Regime drehte damals allen Dörfern in Gebieten der Opposition den Strom ab (heute gibt es in ganz Syrien kaum noch Strom, weil das Regime pleite ist).

Die Moschee mit ihren dicken Mauern und dem hohen Dach war kalt wie eine Leichenhalle. Wir waren erschöpft, aber verweigerten den Tod. Das Morgenlicht erhellte den Raum etwas. Ich fühlte mich wie in einem Grab. Ich kannte zwar Schmerzen und Strapazen aller Art, aber hier fraß mich die Kälte bei geöffneten Augen. Mein einziges Glück war, dass Moscheen nicht mit Bänken ausgestattet sind wie Kirchen, sondern mit dicken Teppichen. Ich hob einen davon hoch und legte mich darunter, wie in ein Leichentuch gehüllt, und wartete auf den Schlaf. Ein Scheich hatte mir in meiner Kindheit einmal gesagt, der Tod sei wie der Schlaf, auch im Schlaf entweiche die Seele in den Himmel, und entweder sie komme zurück und man erwache, oder Gott behalte sie bei sich. Dann sei man tot. Ich glaube, in jener Moschee war es so kalt und der Teppich so dick, dass meine Seele nur bis zur Decke kam und dann wieder zu mir zurückkehrte. Und so wachte ich wieder auf.

Angst vor Regen

Ich hatte dir schon von meiner Furcht vor Regen geschrieben, weil er mich immer an das erfrorene Kind an der jordanischen Grenze erinnert und daran, wie mein Zelt in der ersten Nacht im Zaatari-Camp überflutet wurde. Erst Jahre später begann ich, nicht mehr so heftig auf Regen zu reagieren, dafür regnete es in Deutschland zu oft. Aber der versuchte Diebstahl in Paris rief viele Erinnerungen in mir wach und sorgte dafür, dass ich nun vieles aus dem Blickwinkel der Vergangenheit betrachtete – sogar deine Erinnerungen! Ich komme gleich darauf zurück, erstmal erzähle ich diese Geschichte zu Ende. Als wir endlich in Plum Village ankamen, bekam ich eine konkretere Idee von der buddhistischen Praxis und entsann mich der Zeit, als ich noch religiös war. Als das Wetter umschlug, erkältete ich mich leicht, und als es regnete, durchfuhr mich ein Schreck. Das Geräusch der Regentropfen auf unserem Zeltstoff löste Panik in mir aus, es wurde immer lauter, und ich hörte die Tropfen direkt neben meinem Kopf herabfließen. Du wusstest um mein Trauma. Wenn ich früher solche Panikattacken bekam, versuchte ich, mich durch Schreiben, Tanzen oder eine andere kreative Tätigkeit abzulenken. Ich schrieb ein Gedicht oder besuchte planlos eine mir bisher unbekannte Stadt. Aber diesmal wollte ich nicht entfliehen, und so legte ich meinen schweren Kopf in deine Arme – und schlief ein.

Zum ersten Mal hatte ich das Gefühl, diese Angst mit dir teilen zu können. Ich gab mich dir ganz hin. Nicht weil du die Frau bist, mit der ich mein ganzes Leben verbringen will – das will ich natürlich –, sondern weil ich mit dir jetzt das Leben lebe, das ich will. Es ist unerheblich, wie sich unsere Beziehung verändern wird. Wir leben im Jetzt und wir warten nicht darauf, dass wir uns ein Leben basteln, von dem wir denken, dass es uns gefallen wird. Du hast deine Erinnerungen an das Plum Village mit mir geteilt und ich habe mich in deine Hände begeben. Das reichte, um mir das Gefühl zu geben, dass unsere Reise all diese Mühen wert war. Reisen bedeutet ja nicht, sich zu entspannen, sondern neue Geschichten zu schreiben und zu ergründen, ob wir «*rafīqain*» sein können. Das arabische Wort *rafīq* ist einer von über fünfzehn Freundschaftsbegriffen, von denen jeder etwas Unterschiedliches bedeutet. Ich könnte dich zum Beispiel nicht als *nadīm* bezeichnen, denn das ist ein Freund, mit dem man etwas trinken geht und dabei vertraulich ins Gespräch kommt. Nicht nur, weil du keinen Alkohol trinkst, sondern weil wir jedes Mal etwas Neues miteinander erleben und ich entdecke, dass du für mich ganz viele Arten von Freundschaft verkörperst. *Rafīq* steht für jemanden, mit dem man gerne auf Reisen geht und dessen Begleitung angenehm und bereichernd ist. Für mich bist du genau diese Gefährtin, mit der man auf Reisen Hindernisse meistert. Statt uns zu ärgern, haben wir uns gegenseitig geholfen und daraus schöne Erinnerungen gemacht.

Die Angst, die du mit mir teilst

Trotz unserer fröhlichen Spaziergänge durch Paris merkte ich dir eine Bedrückung an. Deshalb versuchte ich, mir meine eigene Unsicherheit nicht anmerken zu lassen und dich nicht damit zu belasten. Zum Beispiel habe ich den Telefondieb erst ein Stück weglaufen lassen, bevor ich ihn mir vornahm, denn ich wollte nicht, dass die Auseinandersetzung vor dir stattfindet und dich ängstigt.

Du hast mir von einer ähnlichen Erinnerung von dir berichtet, als du vor zehn Jahren nach Paris kamst – zur selben Zeit, als auch ich von einem Ort zum anderen zog. Du warst mit einem großen Koffer unterwegs in eine unbestimmte Zukunft. Unsere Frankreichreise war nicht wegen der Pannen mühsam, die wir erlebt haben, sondern weil wir uns gegenseitig an großen Erinnerungen teilhaben ließen, über die wir zuweilen sprachen und angesichts deren wir zuweilen dachten: Dazu schreibe ich dir irgendwann einen Brief. Und alles, was wir wollten, war, wieder nach Hause zu kommen – in unser Zuhause!

في حياةٍ سابقة؛
بلعت أصواتًا كثيرةً للخوف
فخلقني الله في هذه الحياة بجذعٍ ضخمٍ وصدرٍ أجوف.

In einem früheren Leben verschluckte ich oft
die Stimmen der Angst.
So schuf mich Gott in diesem Leben mit mächtigem Rumpf
und hohlem Brustkorb.[4]

Ich küsse dich auf die Handfläche

Ahmad

***

Lieber Ahmad,

ich kann immer noch nicht glauben, dass du es geschafft hast, ein geklautes Handy zurückzuholen! In unserer Beziehung nehme ich dich die meiste Zeit als sehr fürsorglich und rücksichtsvoll wahr, aber als du plötzlich losranntest und mir danach erzähltest, dass du die Diebesbande eingeholt und gegen die Wand gedrückt hast, da dachte ich zum ersten Mal: *Du weißt offenbar, wie man überlebt.* Ein Teil von mir hatte Respekt davor, einem anderen missfiel es. Ich möchte ja nicht vor dem Anblick von Gewalt beschützt werden, sondern ich lehne generell jede Anwendung von Gewalt ab. Aber ich glaube dir, dass du niemanden verletzt und nur dein Handy zurückgeholt hast.

Vor allem bin ich jedoch froh, dass deine Seele in jener kalten Nacht in der Moschee zurückgekehrt ist und dich bis hierher gebracht hat. Es ist ein unpassender Vergleich, aber ich musste an unsere Zeit im Asylbewerberheim und danach im kleinen Haus nebenan denken, als die Winter lang waren und meine Eltern kaum Geld zum Heizen hatten. Bevor wir ins Bett gingen, drehten sie die längste Heizung im Haus auf, legten eine Bettdecke darüber und deckten uns schließlich mit der aufgewärmten Decke zu, in der Hoffnung, dass wir Kinder einschliefen, bevor die Decke und der Raum sich wieder abkühlten. Du weißt ja, wie schnell ich immer einschlafe, und bis heute gibt es für mich kein schöneres Gefühl, als trotz allem geborgen einzuschlafen.

Ich möchte noch auf einen anderen Gedanken eingehen, den du angerissen hast: dass wir beide vor genau zehn Jahren zum ersten Mal ins Ausland gingen und neue Zugehörigkeiten suchten. Die Parallele habe ich nie gesehen, schließlich gingen wir aus unterschiedlichen Gründen fort. Ich wollte gehen und du musstest es. Dennoch gefällt mir die Vorstellung, dass wir offenbar auf ähnlichen Bahnen zirkulieren, zu ähnlichen Zeiten ähnliche Dinge getan haben und uns jetzt gewissermaßen synchronisieren. Zeit nehme ich ohnehin eher kreis- oder spiralförmig wahr. Ich fühle mich selten, als würde ich mich auf einem Strahl bewegen, auf dem es kein Zurück mehr gibt, nur den Blick in die Zukunft. Vielmehr ist es, als würde ich immer wieder in verschiedene Vergangenheiten gravitieren, dann wieder von möglichen Zukünften träumen und mich in der Gegenwart sammeln.

Vielleicht muss man sich ein lineares Zeitverständnis auch leisten können: Es ist ein großes Privileg zu wissen, auf welchem kulturellen, philosophischen Fundament man steht, und sich berechtigt zu fühlen, darauf Neues zu bauen. Man kann dieses Gefühl aber auch für Machtansprüche instrumentalisieren und mit Gewalt durchsetzen. Dazu fand ich einen Essay von Sinthujan Varatharajah über die «universelle Zeit» als koloniale Erfindung[5] sehr aufschlussreich. Varatharajah zufolge ging die Kolonialisierung anderer Orte und Lebewesen mit der Zerstörung autonomer Beziehungen zur Zeit einher. Tiere, Pflanzen und Menschen seien gewaltsam aus ihren eigenen Zeitkonzepten herausgerissen und in eine andere, oft feindliche und verzerrte Beziehung und Wahrnehmung von Zeit versetzt worden, die sogenannte universelle Zeit. Um das Zeitverständnis zu standardisieren, hätten europäische Imperien Bauten und Symbole zur Zeitmessung, -erfassung und -darstellung errichtet, wie zum Beispiel Uhrtürme, die an zentralen Orten inmitten der Kolonien aufgestellt wurden. Sie würden vielerorts zu den ersten Kennzeichen einer kolonialen Baukultur gehören. Dafür seien neue Siedlungen errichtet und indigene Siedlungen zerstört worden.

Ob auch wir, die von Kolonisierten abstammen, in einer feindlichen und verzerrten Beziehung und Wahrnehmung von Zeit leben? In jeder Zeitform bleibe ich zumindest eine

Suchende, Zweifelnde, Tastende. Ich kann nicht in derselben Gegenwart leben wie die meisten Menschen um mich herum, also kehre ich immer wieder zurück, in Fantasien meiner Vergangenheit.

Ich weiß nicht, wie es ist, eine Heimat zu verlieren und zu fliehen. Ich weiß nicht mal, wie sich Heimat anfühlen soll. Ich wurde in die Heimatlosigkeit geboren, nicht getrieben. Und Grenzen waren in meinem Leben keine geografisch greifbaren Linien, die man mit großem Aufwand überqueren musste. Sie waren eher unsichtbare Mauern, die mich immer umgaben und vom Rest der Gesellschaft trennten. Es gab für mich lange kein Hier und Dort, kein Vorher und Nachher, sondern nur mich – und die anderen. Mich – und die Welt.

Das änderte sich erst, als ich 2012 mit meinem großen, pinken Koffer, darin vor allem mein Reiskocher, allerlei schweres Kochgeschirr und Bücher, nach Paris zog. Den Grenzübertritt hatte ich verschlafen, der TGV fuhr schnell und ruhig. Ich war 21 Jahre alt und voller Vorfreude, weil Frankreich und alles Französische in meiner Familie als etwas Besonderes, Schönes und Erstrebenswertes galten, vor allem die französische Literatur und Philosophie. War ich naiv? Natürlich.

Zur Wahrheit gehört aber auch, dass mir das dekolonialisierte Vietnam nach 1954 immer nur als Schreckensbild vermittelt wurde: Da war das sozialistische Regime, das meine Familie väterlicherseits brutal enteignet und in alle Welt vertrieben hatte. In dessen Hände mein Vater auf gar keinen Fall zurückwollte. All seine Vietnam-Geschichten handelten von Läusen, Hunger und Kommunismus. Meine Mutter hatte zwar keine Wut auf das System, aber auch sie steuerte Geschichten von Lebensmittelrationierung und Überfällen bei, als sei es ein Wettbewerb an grausigen Anekdoten. Für mich hieß aus

Vietnam kommen also lange Zeit, zu Hause Geschichten über Gräueltaten und Elend anhören zu müssen und von anderen Kindern mit hochgezogenen Augenwinkeln ausgelacht zu werden. Ich wollte als Jugendliche wirklich nichts mit Vietnam zu tun haben.

Erst später beschäftigte ich mich auch mit dem Unrecht, das die französische Kolonialherrschaft der vietnamesischen Landbevölkerung angetan hatte, und stellte Fragen nach der Rolle meiner Familie im Kolonialismus. Bis dahin war Frankreich vor allem erreichbarer als Vietnam und mit weniger traumatischen Geschichten verbunden.

Und so war für mich mein Auslandssemester in Paris kein Abstecher ins unbekannte Ausland, kein weiterer Schritt ins Erwachsenenleben, sondern meine erste Station auf einer Suche nach so etwas wie Heimat. Während ich in Deutschland gekränkt über Integrations- und Assimilationsdruck schimpfte, wollte ich mich in Paris unbedingt integrieren und assimilieren. Dabei war meine Ankunft alles andere als toll. Mein Wohnheim befand sich neben einer achtspurigen Autobahn, mein Zimmer war voller Schimmel, aus dem Wasserhahn tropfte Schleim, das Studium war öde und frontal, und gefühlt die Hälfte meiner Zeit dort ärgerte ich mich mit der französischen Bürokratie herum. Dennoch kleidete ich mich, so schick ich es damals konnte, bemühte mich um eine tadellose Aussprache, umklammerte meine Tasche so fest wie Pariserinnen, ignorierte rote Ampeln und übte mich in Gleichgültigkeit, wenn die Metro plötzlich stehen blieb oder ich in einer langen Schlange landete.

Letztlich zog ich nach wenigen Monaten für ein Praktikum weiter nach Brüssel und habe bis jetzt nicht mehr darüber nachgedacht, dass ich ja eigentlich in Paris eine Heimat finden wollte. Ich zog auch gar nicht enttäuscht weiter, sondern befreit von der fixen Vorstellung, irgendwo dazugehören zu müssen. In kürzester Zeit konnte ich offenbar ein neues Zuhause schaffen, das gab mir eine nie dagewesene Sicherheit. Vermutlich nicht dieselbe, die ich in anderen Menschen beobachte, die qua Geburt ganz selbstverständlich irgendwo dazugehören. Aber eine Sicherheit, auf der ich aufbauen konnte, indem ich in den Jahren danach fast wie besessen um die Welt zog, um mir zu beweisen, dass das, was in Paris mit mir passiert war, echt war und dass ich das immer wieder reproduzieren konnte. Ich war nicht mehr gefangen in irgendwelchen Mauern, sondern baute nun selbst welche.

Und als bei unserer Reise vor wenigen Wochen alles ganz anders verlief als erwartet, da stellte sich wieder diese Haltung ein: Ich konnte über alles schimpfen, was schieflief (das ist, denke ich, ein ganz gesundes Ventil), aber ich fühlte mich nicht vom Leben oder von anderen Menschen oder der Bahn betrogen. Es ist übrigens eine Haltung, die ich auch in dir sehe und sehr schätze. Ich mag deine eigenwillige Art, die Welt zu betrachten – nämlich so, wie du sie sehen willst.

Als es in Südfrankreich so heftig regnete und wir im Zelt lagen, wurde ich übrigens furchtbar nervös. Du hattest immer wieder angedeutet, wie sehr dich Regen an dein Flüchtlingszeltlager erinnert und dass du dort schlimme Erfahrungen gemacht hattest. Was damals genau geschah, habe ich mich bis heute nicht getraut zu fragen. Aber ich fühlte mich verantwortlich, dich mit unserem Campingurlaub in eine solche Situation gebracht zu haben, und war schon bereit, mich zu entschuldigen und irgendwas dagegen zu tun. Doch nach nur wenigen Sekunden hat sich dein Atem komplett beruhigt und vor lauter Überraschung darüber schlief ich zum ersten Mal nach dir ein.

Vanessa

***

عزيزتي فانيسا،

deine Ausführungen zur Normierung der Zeit und was die universelle Zeit mit Kolonialismus zu tun hat, versetzen mich zurück in meine Jugend und Fragen von Zeit und Dogmatismus. Als Jugendlicher war ich religiös, und es gab damals in Syrien viele oberflächliche Atheist:innen, die ständig versuchten, die Nichtexistenz Gottes zu beweisen, indem sie fragten: «Angeblich sieht Gott jeden Menschen zu jeder Zeit, wie macht er das denn?» Oder: «Mohammed sagt, jeder, der stirbt, erlebe ein Jüngstes Gericht. Der Tag des Jüngsten Gerichts aber ist doch zugleich der, an dem alle Geschöpfe zur gleichen Zeit auferstehen. Wo ist da die Logik? Und die Qual, die Ungläubige im Jenseits erleiden, soll unendlich länger sein als die Zeit, die die Gläubigen im Paradies erleben. Wie soll das denn gehen?»

Es war sehr beliebt, Fragen zu stellen, in denen Glaubenssätze mit physikalischen und mathematischen Gesetzen und menschlichen Fähigkeiten auf Erden abgeglichen wurden. Solche Fragen brachten meinen Glauben damals aber nicht ins Wanken. Zeit steht für mich in direkter Beziehung zum Ort und dem, was man dort tut, und ich glaubte, dass die Zeit für mich in anderer Weise verging als für meine Geschwister und Freunde. Das galt insbesondere dann, wenn ich die Schulferien im Haus meines Großvaters am Stadtrand von Damaskus verbrachte, wo ich niemanden kannte und nur Kontakt zu den Kund:innen hatte, die bei ihm etwas kauften. Er hatte ein Fenster seines Hauses zu einem kleinen Laden umgestaltet. Die Leute aus dem Viertel klopften an und kauften bei ihm oder meiner Großmutter, was sie gerade brauchten. Die Zeit verging furchtbar langsam, wenn ich in diesem Ladenzimmer saß und alte Zeitungen las. Für mich war es eine tote Zeit, während sie für meine Freund:innen und Geschwister wie im Flug verging.

Für meinen Großvater verging die Zeit jedoch noch langsamer, denn er hatte ständig Schmerzen, seit ihm ein Bein amputiert worden war, und erst recht, seit er auch noch halbseitig gelähmt war. Ich war ein beständiger Zeuge seiner Schmerzen, bis er starb.

Schmerzen, Langeweile, Arbeit, Ablenkung, Liebe ... Alles definierte für mich Zeit in unterschiedlicher Weise und brachte mich zum Nachdenken über das Verhältnis von Zeit und Raum und darüber, wie Zeit in unterschiedlichen Umgebungen oder unter anderen Naturzuständen anders verläuft. Es brachte mich auch dazu, Mathematik zu studieren und mich für Topologie und Stereometrie zu interessieren.

Ein Verständnis von Zeit in Abhängigkeit von Ort und Physik war für mich immer verlockend, und ich begann, darüber nachzudenken, ob die Zeit auch mit unserer gedanklichen Beschäftigung mit bestimmten Dingen zu tun hat oder damit, dass wir einer «Langeweile» genannten Leere entfliehen möchten, die uns der Fragen nach der Zeit entledigt. Mich interessierten die dafür gebräuchlichen religiösen Metaphern, sie beflügelten meine Fantasie und ließen mich meiner kleinen Welt entkommen. Aber ebendiese Zeit und mein Verständnis von ihr veränderte sich mit jedem Umzug an einen neuen Ort, wo jeweils neue Dinge geschahen: eine Revolution, ein Krieg, eine Ungewissheit, ein neuer Alltag. Ich blieb vier Jahre lang in Düren, ehe ich nach Berlin zog. Berlin ist für mich eine Stadt, die Zeit tötet!

Weißt du, dass ich deinen vorigen Brief bekam, als ich im Zug nach Düren saß? Die Reise dorthin empfand ich aufgrund des Zeitgefühls in meinem Kopf und unserer Gespräche übers Erinnern als anstrengend. Denn jetzt sind Zeit und Erinnerung für mich damit verbunden, ob ich bei dir bin oder nicht, nicht mit meinen eigenen Entscheidungen oder äußeren Einflüssen.

In den letzten Tagen dachte ich, als Autor müsse ich dir mit ganz vielen Geschichten aus Paris antworten. Die vielen Dinge, die ich dir dazu geschrieben habe, kamen mir aber künstlich und unpersönlich vor. Ich wollte das alles eigentlich gar nicht erzählen. Ich wollte dir nur von der kleinen Stadt erzählen, in die ich unterwegs war. Das alles könnte ich zwar mit Paris verbinden, aber jetzt und in diesem Moment vermisse ich dich. Du bist nicht zu Hause, und ich denke an dich und daran, dass heute möglicherweise der Jahrestag unserer ersten Begegnung ist. Das genaue Datum ist unerheblich. Wichtig ist, was wir alles erlebt haben und noch immer erleben. Von jetzt an blicken wir auf unseren ersten Tag jedes Mal mit neuen Gefühlen zurück. Ich erinnere mich an einen Satz, den ich geschrieben habe, als wir uns gerade verliebt hatten, und ich glaubte damals, dass ein Gedicht daraus würde, aber er klingt mir seither so in den Ohren, dass ich ihn nicht ergänzen kann. Ich schreibe ihn jetzt noch einmal und lasse ihn so stehen, wie er ist:

أعيش قصص حبٍ عديدةٍ مع امرأةٍ واحدة.

«Ich erlebe viele Liebesgeschichten mit einer einzigen Frau.»

Dass ich nach Düren fuhr, hatte, wie du weißt, seinen Grund darin, dass ich an einer Lesung teilnehmen sollte. Nur hatte ich aus fehlender Zeit oder aus Nachlässigkeit oder einfach aus Versehen nicht den ganzen Veranstaltungstext gelesen. Das Heinrich-Böll-Haus hatte mich angefragt und ihm sage ich immer gleich zu, ohne viel nachzuforschen, denn das Heinrich-Böll-Haus war mein erstes Zuhause in Deutschland. Nach meiner Ankunft stellte ich erstaunt fest, dass ich im Rahmen einer Fachtagung zu Migration und Psychiatrie lesen würde, in einer Fachklinik für Psychiatrie und Psychotherapie! Ich mochte die Idee, vor Psychiater:innen und Psychotherapeut:innen zu lesen, denn aus irgendeinem Grund ziehe ich sie an – und sie ziehen mich an. Viele meiner Freund:innen und, Verzeihung, Ex-Freundinnen sind Psychotherapeutinnen, selbst über Tinder lernte ich zwei Psychotherapeutinnen kennen. Ich genieße es viel mehr, mit solchen Leuten über Literatur und Gesellschaft zu diskutieren als mit anderen Autor:innen oder Literaturwissenschaftler:innen. Aber ich muss zugeben, dass es mir Angst macht, eines Tages als Patient vor ihnen zu sitzen, obwohl ich schon öfter darüber nachgedacht hatte, eine Therapie anzufangen und einige meiner Freund:innen halb im Scherz, halb ernst gefragt habe, ob sie mich behandeln würden.

Ich muss auch gestehen, dass manche meiner dahingehenden Versuche in erster Linie meinem Wunsch entsprangen, mich selbst aus verschiedenen Perspektiven neu zu lesen, und nicht so sehr, um auszutherapieren, was sich bei mir über die Jahre an Abgründen und Abenteuern angesammelt hat. Erst seit ich mit dir zusammen bin und dir alle meine Türen geöffnet habe, was psychisch ziemlich belastend ist, habe ich ein wirkliches Bedürfnis nach psychologischer Unterstützung.

Als ich noch allein war, konnte ich mit meinen Problemen umgehen wie mit einem Videospiel, bei dem ich immer die Möglichkeit habe, neue Türen zu öffnen, um mit einer neuen Umgebung klarzukommen. So konnte ich mir neue Herausforderungen suchen. Das hat mir immer Freude gemacht und tut es noch heute. Die Perspektivwechsel bereichern meinen Blick auf die Welt. Seit du ein Teil dieser Welt bist, ist dieses Spiel komplizierter geworden. Es hat mir aber auch ermöglicht, dich auf eine neue Art zu lieben. In jedem Erlebnis und jeder Erfahrung entdecken wir eine neue Liebe zueinander.

Als für mich noch alles wie ein Spiel war, war ich überzeugt, dass früher erlittene Verluste mich dazu gebracht haben, dass ich mich vor nichts mehr zu fürchten bräuchte. Deshalb habe ich mich auf alles eingelassen, was kam, selbst auf das nicht sonderlich schöne Düren. Aber seit wir uns gefunden haben, ist ein solches Spiel mit dem Leben etwas riskanter geworden. Jetzt habe ich wieder Verlustängste. Ich fürchte, das Leben, das ich mit dir führe, wieder verlieren zu können, und da sind meine psychischen Probleme eine ernste Gefahr.

Die Furchtlosigkeit hat mich aber auch anderes, Wichtigeres gelehrt: nämlich, dass ich mit dir lebe, ohne zu viel zu erwarten, sodass all unsere Erlebnisse lebendig sind, erstaunlich und auf angenehme Art anstrengend. Was uns verbindet, ist der Glaube, dass, was auch immer zwischen uns passieren mag, wir das Leben in all seinen Details leben. Du hast es geschafft, meine Routine zu durchbrechen. Mit dir lebe ich auf Brücken über Wellen. Ja, ich glaube sogar, dass wir nicht auf der Brücke, sondern im Meer selbst wohnen.

Dein Ahmad

Wo keine Worte entstehen, wandern Geister

September – Dezember 2022

Lieber Ahmad,

alle paar Tage erinnere ich mich wieder ohne Grund daran, wie außergewöhnlich es ist, dass du mich in dein Leben gelassen hast. Ich bin zwar nicht die erste Frau in deinem Leben, aber die erste, die einfach blieb, jeden Tag. Die weder fortging noch von dir fortgeschickt wurde. Alle Menschen hieltest du auf Abstand, entsprechend hattest du auch deine Wohnungen eingerichtet.

Einer meiner ersten Eindrücke von dir ist dein Schreibtisch: ein Platz nur für dich, deinen großen Bildschirm, dein Mikro und davor ein Ledersessel. Man konnte sich schon aus rein praktischen Gründen unmöglich in deine Nähe setzen, du sagtest mir auch eindringlich, dass du beim Arbeiten niemanden in deiner Nähe haben willst. Es war dein Reich, voller Zettel, Notizhefte, Bücher, einem Whiskyglas, rot glühender Kohle und süßem Shishaqualm, manchmal auch Käsebällchen. Dann gab es dein Bett mit etwas Platz für Gesellschaft und einer zweiten Bettdecke.

Nun, deine bewährte Ordnung hielt nicht lange mit mir, und ich kann verstehen, dass ein zusätzlicher Mensch in deinem Kosmos dich destabilisiert. Ich kenne das Bedürfnis nach einem exklusiven Raum gar nicht. Mit meiner jüngeren Schwester teilte ich ein Zimmer und ein Stockbett, es gab wenig, was wir nicht voneinander mitbekamen. Der einzige

Ort, der anderen Menschen unzugänglich war, war mein Kopf. Alles andere empfand ich nie als meins: Meinen Alltag und meine Meinung teilte ich freimütig im Internet, meine WG-Zimmer und später Wohnungen mit Couchsurfer:innen. Ja, selbst meinen Körper empfand ich eher als Hülle, die ich für andere pflegte, kleidete und präsentierte. Die für andere lächelte, Anrufe und Bestellungen aufnahm und durch die Gegend huschte.

Ich glaube, deswegen fand ich es auch nicht seltsam, dass ich noch in unseren ersten Wochen deine zwei kleinen Bettdecken durch eine große ersetzte, einen Reiskocher in deine Küche stellte und Wege fand, mich zu dir zu setzen. Der einzige Ort, vor dem ich zögere, ist der Ort deiner Erinnerungen. Dabei warte ich insgeheim auf den Moment, in dem du mir mehr deiner Geschichten erzählst, die dein Leben verändert und dich zu mir gebracht haben. Ich habe nie explizit gefragt und lange Zeit auch nicht bewusst gewartet; meine Einstellung war, dass du schon von dir aus erzählen wirst, wenn du dich bereit fühlst. Und dass ich dich auch lieben, mit dir leben, ja sogar mit dir alt werden kann, ohne alle Details zu kennen. Aber warum erzählst du mir nicht, wer oder was dich zu dem Mann gemacht hat, der du heute bist – ausgenommen die Ex-Partnerinnen und Psychiaterinnen? :)

Ich habe so viele Stichworte im Kopf und so viele Fragen, aber ich scheue mich davor, in die Rolle der Journalistin zu wechseln, oder der Deutschen, oder noch schlimmer: der deutschen Beamtin: Warum hast du dein Zuhause verlassen? Was ist dir passiert? Wie war das für dich – Krieg?

Hier nachzubohren würde unserer Beziehung nicht gerecht werden, die so ganz anders anfing als mit «Woher kommst du?» und «Was machst du so?». Also hielt ich mich zurück, auch als du nach einigen Monaten im Nebensatz erwähnt hattest, dass du einen Flüchtlingspass besitzt. Es war das erste Mal, dass ich von deinem Asylstatus erfuhr. Dass ich dich überhaupt mit dem Begriff «Flüchtling» in Verbindung brachte. Davor warst du für mich einfach nur Ahmad. Tänzer. Schriftsteller. Podcaster. Wenn es um Essen ging: Syrer. Wenn es um Sprache ging: Araber. Vielleicht wolltest du das so, also verkniff ich mir weitere Fragen zu Krieg und Flucht und sagte mir: Eine besondere Beziehung erfordert eine besondere Geduld.

Ich hielt mich erneut zurück, als wir eines Morgens über unsere Träume sprachen und du ähnlich beiläufig hast fallen lassen, dass du jede Nacht nach Syrien zurückkehrst und vom Krieg träumst. «Jede Nacht?», fragte ich vermutlich eine Nuance zu entsetzt. «Jede Nacht», sagtest du eine Nuance zu gleichgültig. Was genau du dann träumst, wollte ich noch wissen, da hast nur hastig etwas mit Bomben und Kämpfen hinterhergeschoben, mich matt angelächelt und das Thema gewechselt. So ist es auch, wenn du deine Haft in Syrien andeutest, deine Handverletzung, oder dass viele deiner Zähne Prothesen sind.

Also warte ich und es quält mich. Denn die Sache mit der Geduld ist (und das habe ich von meinem Vater gelernt): Es können Jahrzehnte vergehen, ohne dass etwas passiert. Als Jugendliche und auch als junge Erwachsene habe ich sehr unter der stillen Art meines Vaters gelitten. Über den Krieg – und er war immerhin Soldat – hat er nur wenige Sätze verloren. Ich hatte ihn dir als Ameise beschrieben, aber ich weiß, dass das nur die Form ist, die er sich in Deutschland gegeben hatte, um den verstörten Menschen zu verstecken, der er im

Kern ist, und dass unerzählte Geschichten auch ein Leben überdauern können.

In meiner wachsenden Ungeduld schenkte ich ihm vor einigen Jahren zu Weihnachten ein Notizbuch und bat ihn, seine Erinnerungen aufzuschreiben. Ein anderes Mal bat ich ihn, zumindest alle Gedichte seines Vaters aufzuschreiben, an die er sich erinnern kann. Bei den verschiedensten Gelegenheiten fallen meinem Vater ein paar Verse meines Großvaters ein, und ich bin jedes Mal beeindruckt, wie sie auch nach Jahrzehnten noch bei ihm haften geblieben sind. Man müsste sie nur noch verschriftlichen, dachte ich. Aber meinen Vater machte die Bitte irgendwie verlegen und soweit ich weiß, blieb das Notizbuch bis heute leer.

Wenn mein Vater etwas erzählt, dann völlig unvermittelt. Als ich letztens bei ihm war zum Beispiel, sagte er plötzlich: «Es gibt eine Geschichte, die ich dir noch nicht erzählt habe.» Er hatte in Vietnam einen guten Freund. Ein entfernter Verwandter. Anh Bảo.

Alle anderen Verwandten hatten ihn auf der Suche nach Obdach in Hanoi abgewiesen, nur dieser Mann nahm ihn auf, dabei bestand sein Haus nur aus einem schmalen Holzbett und einer undichten Überdachung zwischen zwei benachbarten Gebäuden. Die beiden schlugen sich als Tagelöhner durch und teilten sich Bett und Essen. Wie Brüder seien sie gewesen. Von seinen ersten Ersparnissen kaufte mein Vater eine Regenjacke und stopfte damit das Dach, so konnten sie im Trockenen schlafen, jeder mit dem Kopf am anderen Bettende. Bảo war, das wurde mein Vater nicht müde zu betonen, ein sehr guter Mensch. In den Achtzigern schafften es beide nach Bulgarien, sie fanden in unterschiedlichen Städten Arbeit und besuchten einander, wenn es irgendwie ging.

Was ich nicht wusste: Damals spitzte sich in der Hauptstadt Sofia der Hass auf die vietnamesischen Vertragsarbeiter:innen zu, ständig wurden sie wohl von Faschisten gejagt, zusammengeschlagen und sogar getötet. Das, sagte mein Vater, war der eigentliche Grund, warum er Bulgarien verließ. Man konnte als Vietnames:in nicht mehr alleine auf die Straße, schon gar nicht nach Abenddämmerung. Er hatte Angst. Als Bảo ihn in Sofia besuchen wollte, mahnte mein Vater ihn: «Komm auf keinen Fall nachts, trag keine Tasche mit dir, betritt keine öffentlichen Verkehrsmittel und bitte den Taxifahrer, das Taxischild abzunehmen, bevor du ins Vietnamesenviertel fährst.»

Am Tag der Ankunft wartete er und wartete er. Bảo kam nicht, und auch als es dunkel war, kam niemand. Keine Spur, nur ein ungutes Gefühl im Magen. Erst sehr spät nachts liefen plötzlich andere Vietnames:innen zu ihm, völlig aufgebracht: Sie hätten gerade einen Mann gerettet, der da draußen fast totgeschlagen worden sei, der Mann hätte den Namen meines Vaters genannt. Mein Vater lief hinaus. Es war Bảo, blutüberströmt. Bulgarische Faschisten hatten ihm die Nase abgeschlagen, sein Gesicht war fortan entstellt. Danach versprachen sich die Männer, das Land zu verlassen, und gaben einander zum letzten Mal die Hand. Einer geht weiter, der andere zurück, sagten sie. *Em đi, anh về.*

Bei dem Satz begann mein Vater zu zittern und zu weinen. Ich weiß nicht, wann ich ihn das letzte Mal so emotional erlebt hatte, warum er diese Geschichte zurückgehalten hatte, warum er nie von einem Freund erzählt hatte, warum er ausgerechnet jetzt von ihm erzählte und warum ich dir das jetzt alles erzähle. Bảo, sagte mein Vater weiter, starb wenige Jahre später in Vietnam, fiel einfach tot um. Er habe kein Glück gehabt im Leben. Mein Vater zündete seither bei jedem Vietnam-Besuch ein Räucherstäbchen für ihn an.

Ich will keine großen Parallelen ziehen zwischen meinem Vater und dir, zumal euer Verhältnis angespannt ist. Aber irgendwie hatte ich heute den Gedanken, dass ich auch nicht will, dass die Mauern, die zwischen meinem Vater und mir stehen, diese stillen Absprachen, über die Vergangenheit besser zu schweigen oder es bei Andeutungen zu belassen, ebenso zwischen uns stehen. Ich habe gelernt, damit zu leben – aber ich will nicht damit leben.

Entschuldige, dass ich so fatalistisch ende. Du hast mir eigentlich einen sehr lieben Brief geschrieben, und trotzdem hat mich irgendwas in deinen Zeilen aufgewühlt. Bitte sag mir, wenn ich zu ungeduldig bin oder Grenzen überschritten habe.

Deine Vanessa

***

حبيبتي،

im Damaszener Dialekt fragen wir jemanden, der immer alles sofort und genau wissen will: «Sind dir die Zwiebeln angebrannt?» Ich weiß, dass du keine Zwiebeln magst, aber ich möchte dich bitten, sie auch nicht anbrennen zu lassen.

Ich wusste gar nicht, dass du auf Geschichten von mir wartest. Ehrlich gesagt dachte ich sogar, dass ich dir viel zu viel erzähle, jedenfalls mehr, als ich wollte. Niemandem habe ich je so viele Türen geöffnet wie dir, weder Freunden noch Angehörigen oder früheren Beziehungen. Aber wenn du das Gefühl hast, dass dir meine Erinnerungen nicht offenstehen, so heißt das, dass ich unbewusst das Spiel gespielt habe, deine Fragen abzulenken, umzudrehen und sie in Geschichten zu verwandeln, die zwar nicht erlogen sind, aber mit interessanten Dingen von der eigentlichen Antwort wegführen. Lustigerweise hat genau das Scheherazade aus «Tausendundeiner Nacht» getan. Sie entkam dem Tod durch das Erzählen von Geschichten.

Ich habe dir schon einmal von einem Traum berichtet, den ich als Jugendlicher hatte und in dem ich mich in der Zukunft als Schriftsteller und Müllmann sah. Mir gefiel dieser Traum, obwohl ich wohlbehütet aufgewachsen war und nichts ferner gelegen hätte, als von anderer Leute Müll zu leben. Mein Vater hatte drei Vorhanggeschäfte und arbeitete mich früh ein. Es ging uns gut. Ich studierte Mathematik und hätte auch daraus was machen können. Heute hasse ich dieses Fach, aber ich kann sagen, dass ich dankbar dafür bin. Dann kam die Revolution, ich musste mein Studium abbrechen, verlor meine Arbeit und unser Haus wurde zerstört (keine Angst, ich werde dir noch davon erzählen). In Jordanien jobbte ich unter anderem in einem Restaurant in Amman, und als ich eines Tages gerade die Küche dort sauber gemacht und den Müll rausgebracht hatte, rief mich mein Verleger an und teilte mir mit, dass mein Buch erschienen sei. Da dachte ich wieder an meinen Traum und musste wie verrückt lachen. Es war mein zweiter Gedichtband und ich war dankbar für den Zufall, dass ich nun wirklich Schriftsteller und Müllmann zugleich war! Aber warum erzähle ich dir das alles?

Weil mein Traum damit weiterging, dass ich mit 37 Jahren sterbe! Ich hatte mich mit dieser Vorstellung bereits abgefunden und eine Liste mit Dingen angelegt, die ich bis dahin noch erledigen wollte. Und tatsächlich habe ich alles, was ich mir vornahm, schon geschafft. Dafür habe ich Tag und Nacht gearbeitet. So konnte ich dem Tod friedlich entgegenblicken. Ich hatte ein gutes Leben gehabt und lebe es noch heute. Aber ich konnte mich nie ausruhen, habe nie gelernt, mich auszuruhen, denn sich auszuruhen bedeutet, sich zu erinnern, und die Erinnerungen wären möglicherweise zum Biest geworden, das mich verschlingt, und ich hätte meine Lust verloren, weiterzuleben. Ich lebe zwischen diesen beiden Polen: Entweder ich rotiere oder ich sterbe innerlich ab.

Liebe Vanessa, an einem Tag wie heute vor zehn Jahren habe ich Damaskus verlassen.

Meine Mutter begleitete mich noch zum Busbahnhof, nachdem ich mich schüchtern von meinem Vater und meinen Geschwistern verabschiedet hatte.

Vor einiger Zeit war ich mit einer argentinischen Freundin spazieren. Um Gespräche über unsere jeweiligen Familien in Lateinamerika und Nahost zu vermeiden, erzählte sie von einem Freund, der einmal sein Pferd angeschrien hatte, es solle aufstehen. Es war krank und wäre gestorben, wäre es liegen geblieben. Er zerrte an dem Pferd herum, in der Hoffnung, es würde sich endlich wieder aufrichten.

Was in diesen zehn Jahren passiert ist, lässt keinen Raum für Nostalgie oder dafür, sich selbst von Erinnerungen zu heilen. Du musst weiter eilen. Du hast nicht den Luxus, dich mit alter arabischer Dichtung zu befassen, du kannst es dir nicht leisten, bei jedem Zwischenfall zusammenzubrechen, du hast keine Zeit dazu. Du könntest stürzen, dich einmal verlieren oder zweimal … aber du müsstest wieder aufstehen. Du kannst nicht sagen, das braucht Zeit. Du hast im Kopf, dass man nicht wieder hochkommt, wenn man sich einmal niedergesetzt hat. So schützt du dich vor Erinnerungen und vor Trauer. Und wenn wir dabei ermüden, aber Angst haben, uns nicht wieder aufrichten zu können, dann tanzen wir, statt uns auszuruhen. Beim Tanzen hast du mich zum ersten Mal gesehen. Du hast mich beim Tanzen beobachtet und beim Tanzen kennengelernt.

Ich stelle mir vor, wie du das alles liest und wütend auf mich wirst, weil ich mich wieder mit Geschichten um deine Fragen herummogele. Das mag ja sein, aber ich will nicht *vor* dir fliehen, sondern *zu* dir! Und wenn du genau hinsiehst, widme ich mich mit diesen Geschichten meiner Erinnerung und beantworte damit deine Fragen. Wenn du die Einzelteile zusammensetzt, bekommst du ein vollständiges Bild. Ich versuche nicht, die Geschichten anderer zu erzählen, um meinen eigenen zu entfliehen. Wenn es in dem, was ich erzähle, um andere geht, dann nur, um es mir und dir leichter verdaulich zu machen. Können wir das so fortführen?

Ich liebe dich, weil wir wissen, wie wir miteinander sprechen können. Ich bin jetzt seit zehn Jahren aus Syrien raus, das ist ein Drittel meines Lebens, und mein Leben hat sich seither völlig verändert und es verändert sich noch immer. Ich habe aus meinem früheren Leben nur Erinnerungen, und diese prägen mein Leben, mein Schreiben, meine Arbeit, meinen Blick auf die Welt, die Art, wie ich liebe, wie ich hasse, wie ich mit Freund:innen umgehe, mein Verhältnis zu Orten und zu meiner Vergangenheit, Gegenwart und Zukunft. Aber kannst du dir vorstellen, wie seltsam es ist, dass ich mit keinem Syrer, der dieselben Veränderungen durchlebt hat, offen darüber sprechen kann? Wir misstrauen einander, wir haben Angst, dass der jeweils andere die teilweise sehr sensiblen Erfahrungen weiter erzählt, um sich damit persönlich in der hiesigen Gesellschaft zu profilieren, ohne sich daran zu stören, dass er damit das entwürdigt, was unser gemeinsames Anliegen war: unsere Gegnerschaft zum Regime und zu Milizen.

Mit dir dagegen, Vanessa, kann ich über alles sprechen. Vielleicht streiten wir uns und ärgern uns übereinander, bis die Liebe uns wieder zusammenbringt. Ist nicht genau das passiert, als wir zum ersten Mal miteinander sprachen? Wir vergaßen Zeit und Ort und die Menschen um uns herum und den Tanz und debattierten stundenlang über Belangloses, aber mit gewichtigen Argumenten. Es war das erste Mal, dass ich mich bemühte, mir den Namen einer Person zu merken, die ich eben erst kennengelernt hatte. «Vanessa, Vanessa, Vanessa», sagte ich innerlich vor mich hin, weil ich Angst hatte, ich würde mich nicht an deinen Namen erinnern, wenn wir uns wiedersähen. Und jetzt schreiben wir uns Briefe, und ich teile Erinnerungen mit dir.

Aber jetzt hätte ich gern eine Erinnerung von dir. Letztens ist zwischen uns etwas vorgefallen, das ich mir nicht recht erklären kann. Wir waren beide zu beschäftigt, um es zu besprechen, oder vielleicht wollte ich es auch vermeiden, um nicht ungeduldig zu werden und dich zu unterbrechen.

Hier also meine Frage: Wir hatten mit Freund:innen über Rassismus gesprochen und ich warf ein, dass ich auf rassistische Erfahrungen eher gelassen reagiere. Wenn der Rassismus von einer einflussreichen Person ausgeht, kann es sein, dass ich mich stundenlang heftig mit ihr streite. Aber wenn mir eine alte Frau sagt, ich solle in mein Land zurückgehen, dann lache ich nur, scherze vielleicht sogar mit ihr und verspüre keinen Hass, vielleicht auch, weil ich meine Energie nicht in unnötigen Streitereien aufbrauchen will. Dir hat diese Meinung nicht gefallen. Dich machen solche Begegnungen wütend, obwohl du sie schon dein Leben lang erfährst.

Warum nimmst du das so schwer? Vergib mir diese Frage. Bei mir ist es so, dass meine Gefühle sich abkühlen, wenn ich etwas dutzendmal erlebe, und ich reagiere dann nicht mehr so scharf.

Jetzt weißt du, warum ich nicht mit 37 sterben möchte. Ich hätte zwar noch drei Jahre bis dahin, aber mit dir möchte ich länger leben. Nicht hundert Jahre, wie du sagst – und wofür du mir einredest, ich solle nie mehr Alkohol trinken und Shisha rauchen –, sondern weil ich einfach sehr lange mit dir zusammen leben möchte.

Ahmad

***

Lieber Ahmad,

natürlich werden wir einhundert Jahre alt, so wie viele meiner Verwandten, daran gibt es gar nichts zu diskutieren! Ich möchte unsere verbleibende Zeit nicht herunterzählen und die Zielmarke hundert erscheint mir dafür ausreichend entfernt. Das wären noch fast siebzig Jahre … stell dir mal vor, wie viel wir in siebzig Jahren noch tun könnten. Wie klein und nichtig in Relation dazu eine trübe Kindheit und Jugend erscheinen werden. Ich finde die Vorstellung ja sehr tröstlich.

Wenn wir dagegen unser Leben bis 37 planen würden: Gut möglich, dass wir all unsere Geschichten in nur drei weitere Jahre quetschen könnten, beim bisherigen Tempo unserer Beziehung würde mich das nicht verwundern. Aber das ist ja gar nicht, was ich von oder mit dir will. Ich will mir mit dir Zeit lassen. Mein Leben lang habe ich mich mit allem beeilt, mit dir will ich erleben, wie es ist, mal frei von Angst stehen zu bleiben, innezuhalten und Gegenwart zu spüren.

Wenn du mir also mehr Zeit gibst, dann gebe ich dir mehr Geduld, Deal? In anderen Worten: Einverstanden, lass uns einander mehr Geschichten erzählen.

Ich erinnere mich zum Beispiel an eine ältere Frau, die ich über Monate interviewt hatte, Đỗ Mùi. Ihr Sohn Anh Lân war 1980 nach Deutschland geflohen, mit gerade mal 18 Jahren, kurze Zeit später wurde er bei einem Bombenanschlag getötet. Die Täter:innen waren von der sogenannten Deutschen Aktionsgruppe, ein NSU-Vorläufer, an die Fassade sprühten sie noch «Ausländer raus». Đỗ Anh Lân und sein Mitbewohner Nguyễn Ngọc Châu gelten damit als die ersten Todesopfer rechter Gewalt in der offenbar doch nicht ganz denazifizierten Bundesrepublik. Đỗ Mùi durfte erst nach dem Tod ihres Sohnes nach Deutschland kommen und lebt bis heute in Hamburg. Ich wollte so vieles von ihr wissen: Was ihren Sohn damals aufs offene Meer getrieben hatte. Wie sie ihn verabschiedet hatte. Ob sie während und nach seiner Flucht Kontakt hatten. Ob sie irgendwas vom Rechtsextremismus in Deutschland mitbekommen hatte. Aber sie winkte jedes Mal höflich ab oder antwortete nur einsilbig. Ich weiß nicht, ob sie das alles vergessen hatte oder einfach nicht erzählen wollte. Oder es nicht konnte. Wir rührten jedenfalls in unseren dünnen Instantkaffees und hatten uns nur wenig zu sagen. Ratlos schaltete ich Musik an. Ich ließ vietnamesischen Pop der Siebziger laufen: *Từ xa thấp thoáng muôn tà áo tung bay / Nếp sống vui tươi nối chân nhau đến nơi này / Sài Gòn đẹp lắm, Sài Gòn ơi! Sài Gòn ơi!*

Es ist ein sehr bekanntes Lied mit eingängiger Melodie, besungen wird die Schönheit der südvietnamesischen Metropole Saigon, die offiziell Ho Chi Minh City heißt. Plötzlich wippte und summte Đỗ Mùi mit und strahlte. Sie beantwortete daraufhin zwar nicht meine Fragen, aber sie sprach über ihre wilde Jugend, über ihre Arbeit als Großhändlerin. Damals habe sie in Saigon die neuesten Klamotten aus dem Ausland verkauft. Sie zeigte mir sogar ein Album mit Fotos von ihr, die aus einem Modemagazin hätten stammen können: Föhnfrisur, dünn gezupfte Augenbrauen, große Ohrringe, hohe Schuhe. Wer kann es ihr verübeln? Der Anschlag hatte nicht nur ihren Sohn, sondern auch sie zum Opfer gemacht. Diese Rolle wollte sie offenbar auch vierzig Jahre später nicht. Und was ich abseits dieser Rolle erfuhr, war letztlich sogar viel spannender.

Auch bei meinem Vater erfahre ich das meiste über Umwege, etwa, wenn er über Pflanzen oder Essen spricht und dabei kleine Anekdoten verwebt. Sie handeln selten direkt von ihm und haben viele Winkelzüge und Wendungen, man muss also genau hinhören und die Geschichten hinter den Geschichten suchen. Oft sind es auch nur Namen und Schlagworte, die mich auf eine unbestimmte, oft jahrelange Suche schicken. Ich denke nicht, dass er mit Absicht Hinweise streut. Gut möglich, dass ich mir auch mehr zusammenreime, als da ist. Aber so funktioniert unsere gesamte Familienkommunikation.

Ein Name, der mir besonders hängen blieb, war Nguyễn Ngọc Ngạn. Er moderierte dreißig Jahre lang (von 1992 bis 2022) zusammen mit Nguyễn Cao Kỳ Duyên «Paris by Night», eine Late-Night-Show mit vielen Livekonzerten. Seit den Achtzigern wird sie im Westen für Auslandsvietnames:innen produziert, für sie ist «Paris by Night» so wie für Deutsche «Wetten, dass», und Nguyễn Ngọc Ngạn ihr Thomas Gottschalk. Wahrscheinlich kannst du mit dem Vergleich nichts anfangen, leider kenne ich keine arabischen Showmaster, die ich stattdessen heranziehen könnte. Vielleicht gibt es aber auch gar nichts Vergleichbares. Die beiden haben ja nicht nur moderiert, sie haben jahrzehntelang die in alle Welt verstreute vietnamesische Diaspora zusammengehalten. Selbst meine nicht sonderlich musikinteressierten Eltern besaßen einige «Paris by Night»-Kassetten, und wenn Besuch kam, wurden sie in den Videorekorder geschoben, dann funkelte und schimmerte es auf dem Bildschirm und der stets aus der Zeit gefallene Nguyễn Ngọc Ngạn und die äußerst glamouröse Nguyễn Cao Kỳ Duyên begrüßten uns: *Xin chào quý vị!*

Der Moderator jedenfalls, erzählte mir mein Vater am Küchentisch, sei auch ein begabter Schriftsteller, sein liebster sogar. Hier musste ich aufhorchen und wurde weiter überrascht. Ja, ja, sagte mein Vater, er schreibe ganz großartige Geistergeschichten und lese sie auf YouTube vor. «Geistergeschichten?», fragte ich etwas ungläubig, weil ich mir nie vorgestellt hatte, dass ausgerechnet mein Vater Fantasy oder Gruselgeschichten mögen könnte. «Über die Lebenden kann man ja schwer schreiben, den Toten legt man nicht nachträglich Geschichten in den Mund», erklärte er.

Den Rest verriet mir wie so oft, wenn es um meine oder unsere Biografie geht, das Internet: Nguyễn Ngọc Ngạn gehörte wie der Großteil seines Publikums zu den Boatpeople, 1978 hatte er das Land übers offene Meer verlassen. Leider starben bei der Flucht seine Frau und sein Kind. Seitdem ist Nguyễn Ngọc Ngạn nie mehr nach Vietnam zurückgekehrt und hat es auch nicht vor. In einem BBC-Interview von 2021[6] windet er sich um eine Antwort auf die wiederholte Frage nach dem Warum. Schließlich sagte er, es wäre ihm einfach unangenehm. Er vermisse zwar sein Heimatdorf und die damit verbundenen Kindheitserfahrungen, aber wenn er jetzt zurückkehren würde, wäre das ein einziges Medienspektakel. Er könne nicht wie damals ungestört die Straßen ablaufen und an den Garküchen an jeder Ecke essen. Das, sagte er, sei der Hauptgrund. Dieser Seitenaspekt!

Ich will Nguyễn Ngọc Ngạns Geschichte nicht dramatischer machen, als er sie selbst erzählt. Schließlich fand er in Kanada eine neue Heimat, heiratete die Liebe seines Lebens und hat ein beeindruckendes Lebenswerk geschaffen. Jetzt ist er alt, musste schon zweimal ins Krankenhaus und will verständlicherweise einfach seine Ruhe. Woran ich noch hängen blieb, war seine These, dass es sich über Geister leichter schreiben lässt als über echte Menschen und ihre echten Geschichten. Ob er wohl über seine eigenen Geister sprach?

Ich habe dann über die Geister in meinem Leben nachgedacht, und auch wenn es eben klang, als hätte ich meinen Vater nicht ernst genommen: Wenn du mich nach den Geschichten fragen würdest, die mich in meiner Identität oder in meinem Verständnis für meine vietnamesische Herkunft am meisten geprägt haben, dann würde ich mit zwei Geistergeschichten antworten: Einmal Đặng Nhật Minhs poetischer Schwarzweißfilm von 1984, «Bao giờ cho đến tháng Mười», und eine 2017 in den USA erschienene Kurzgeschichte von Viet Thanh Nguyen; die deutsche Übersetzung heißt «Schwarzäugige Frauen»[7]. In beiden werden die Protagonistinnen mit Geistern konfrontiert; im Film ist es der Geist des im Krieg gefallenen Ehemannes, in der Kurzgeschichte der Geist des auf der Flucht ertrunkenen Bruders.

Auf den Film – ein beliebter Klassiker – stieß ich durch meine Masterarbeit über Nachkriegsfilme im Kontext der

Staatenbildung Vietnams. Ich hatte mich gefragt, warum ausgerechnet ein frisch gegründeter, sozialistischer Staat, der Religionen fürchtete und massiv in moderne Propagandamittel wie Kinofilme investierte, damals einen Geisterfilm wie «Bao giờ cho đến tháng Mười» förderte. Besonders einleuchtend erschien mir eine These der Filmwissenschaftlerin Ngô Phương Lan. In ihrem Buch «Modernity and Nationality in Vietnamese Cinema»[8] von 2007 schrieb sie, die im Film gezeigten Geister würden statt in religiöse Kontexte in die nationalistische Heldenverehrung eingebettet, so sei ein «spiritueller Patriotismus» geschaffen worden, der die neu gegründete Sozialistische Republik Vietnam von anderen Staaten abgrenzte und legitimierte. Rückblickend war das eine recht verkopfte Herangehensweise an das Geistermotiv.

«Schwarzäugige Frauen» las ich anders, viel emotionaler, nicht nur, weil die Kurzgeschichte in einem ganz anderen Kontext auf ganz andere Weise geschrieben wurde und ich sie ohne besonderes Erkenntnisinteresse las. Die Protagonistin ringt darin mit sich, ob sie wie ihre Mutter an den Geist ihres toten Bruders glauben soll, also ob sie glauben soll, dass er jede Nacht zu Besuch kommt, und ich erinnere mich, wie ich Seite um Seite mit ihr rang. Es war kein Mystery-Thriller, der auf eine Auflösung hinarbeitete, eher eine sehr eindrückliche Beschreibung, wie Geister für manche Menschen vielleicht die einzige Möglichkeit sind, ihre Traumata zu fassen. Sie geben diffusen Gefühlen eine Gestalt. Wo keine Worte entstehen, wandern Geister.

An die Kurzgeschichte musste ich wieder denken, als du von Erinnerungen geschrieben hast, die zum Biest werden und dich verschlingen. Erinnerungen, Biester, Geister – irgendwie scheinen sie alle verwandt. Sie alle machen weniger Ärger, wenn man sich nicht mit ihnen auseinandersetzt, und doch schlummern sie irgendwo und können jederzeit aufwachen. Manche wachsen sogar im Schlaf.

Du hast nach meinen für dich eigenartigen Reaktionen auf Rassismus gefragt. Nun, die Sache mit dem Rassismus ist so ein Biest, es besteht aus und wird gefüttert von schmerzhaften Erinnerungen. Und obwohl ich darüber schon häufig öffentlich gesprochen habe, hast du Recht: Ich habe das Thema in unserer Beziehung ausgespart. Ich deute nur an und lasse es doch im Unklaren. Manchmal sage ich auch trotzig, du verstehst das nicht, und belasse es dabei. Ich glaube, das liegt daran, dass ich jahrelang gebraucht habe, um zu lernen, wie ich mit weißen Menschen über Rassismus sprechen kann (analytisch, traurig, anklagend), nochmal ein paar weitere Jahre, um mit nichtweißen Menschen darüber zu sprechen, die ebenfalls hier geboren und aufgewachsen sind (sarkastisch, resigniert), und für dich, der geflohen ist und andere Themen existenzieller findet, habe ich einfach noch keine Sprache. Vielleicht wird auch das Jahre dauern.

Es kommt mir nämlich abwegig vor, dir die Ideengeschichte hinter modernen Formen des Rassismus darzulegen und machtkritische Theorien zu erklären. Gleichzeitig kann ich bei dir nicht auf denselben Erfahrungshorizont zurückgreifen, auf dieses «Ja, das kenne ich», das in gemeinsamer Aufarbeitung und Verarbeitung münden würde. Bei dir, hatte ich immer den Eindruck, räsoniert nichts. Meine schmerzhaftesten Erinnerungen erscheinen mir neben deinen nichtig. Seit wir zusammen sind, hinterfrage ich sogar, ob ich die Sache mit dem Rassismus wirklich schon so gut verstanden habe.

Erinnerst du dich, als ich dir kurz vor dem 30. Jahrestag der

Pogrome in Rostock-Lichtenhagen diese alte Doku gezeigt hatte? «The Truth lies in Rostock»[9] war ihr Titel. Mich haben die Szenen darin entsetzt, das Feuer, der Mob, die Ausreden der Politiker. Du hast dich um Empathie bemüht und pflichtbewusst «*That's too much*» gesagt. Aber eigentlich, zumindest war das mein Eindruck, fandest du das alles nicht so schlimm. Es traf dich nicht ins Mark. Es war ja niemand gestorben 1992. Automatisch dachte ich: Übertreibe ich? Warum empfinde ich, die das Pogrom nicht mal selbst erlebt hat, solche alten Bilder als so schlimm – während anderswo auf der Welt genau in diesem Moment Menschen gefoltert und getötet werden? Warum beschäftigen mich ganz normale, rassistische Kommentare auf der Straße überhaupt, wenn ich persönlich relativ wenig zu befürchten habe?

Ich habe darauf noch keine Antworten. Aber ich möchte sie gerne finden.

Deine Vanessa

***

عزيزتي فانيسا،

«Warum hatte Hamlet so viel Angst vor Geistern nach dem Tod, wenn das Leben selbst so voll ist mit noch schlimmeren Geistern?»[10]

Diesen Satz fand man posthum in Unterlagen von Anton Tschechow. Was ihn zu einem meiner Lieblingsautoren macht, ist, dass er Metaphern und sprachlichen Spitzfindigkeiten entfloh und seltsame, schrullige Protagonisten erfand. Er konnte einfache Geschichten über Leute mit gewöhnlichen Gefühlen und kleinen Träumen schreiben. Er schrieb das Leben in einer ruhigen Sprache und anhand wenig außergewöhnlicher Ereignisse auf.

Beim Schreiben greifen wir aus verschiedenen Gründen auf Gespenster, Metaphern und Fantasie zurück. Früher dachte ich, dies hing damit zusammen, dass ich als Schriftsteller eine einzigartige Sprache finden und meine kreativen Fähigkeiten austesten will, indem ich mit Worten spiele und die Grenzen meiner Fantasie ausdehne, um neue Welten zu schaffen. Inzwischen glaube ich, dass viele sich davor fürchten, sich mit den eigenen Alltagserinnerungen zu konfrontieren, mit den Erinnerungen an Entbehrungen, Kriege, große und kleine Abenteuer.

Also wenden wir uns Geistern und einer Sprache voller Metaphern zu. Du beschreibst meine Texte ja auch oft als verwirrend und zweideutig. Aber ich liebe es, vor allem in Gedichten ohne Rücksicht auf Leser:innen oder Verlage mit Metaphern in innere Welten abzutauchen, dort Selbstgespräche zu führen über Gefühle und Gedanken, die zwar schwer sind von den Ereignissen der letzten Jahre, aber nicht explizit davon handeln. Entsprechend will ich nicht, dass man meine Gedichte als politische Kommentare über die Revolution, Flucht oder Asyl auffasst. Sie sind ein Spiegel, durch den ich anhand kleiner Gefühlsregungen und belangloser Details die ganze Welt betrachte. Da kann es um eine Tür gehen, den Außenspiegel eines Autos oder eine halb gegessene Chipstüte, die seit Monaten im Regal liegt. Lyrik ist für mich die Archivierung von Gefühlen während großer Veränderungen.

Für mich hat niemand so mutig und fähig wie Tschechow menschliche Gefühle in Krisen, Umwälzungen und Kriegen beschrieben, ohne die Ereignisse auch nur zu erwähnen. Er schreibt zum Beispiel von einem Kutscher, der mit seinem Pferd über den Tod seines Sohns spricht, weil er sich keinem Fahrgast anvertrauen kann, denn niemand nimmt ihn als Menschen wahr. Mir fehlt diese Fähigkeit, die Realität abzubilden, ohne dass ich meine eigenen Gefühle mit ins Spiel bringe. Ich würde alle Protagonist:innen emotional überladen und jede Handlung überzeichnen. Daher und weil ich kein Verlangen habe, über Ereignisse zu schreiben, die jeder aus den Nachrichten kennt (Flüchtlinge, die im Mittelmeer ertrinken, Massaker etc.), bediene ich mich lieber meiner Fantasie und schreibe von Dingen, die eher banal sind. Das wirkt befreiend auf mich. Mitunter geht es aber auch um sensible Dinge, die angesprochen werden müssen. Die Welt sollte Familien sprechen hören, die in ihren Häusern sitzen und leben möchten, die auf Rettung hoffen oder Spaß haben oder ihren Lieblingsfilm sehen möchten, das aber nicht können, weil um sie herum Raketen einschlagen. Sie gewöhnen sich daran, als Kriegsvergessene zu existieren und dennoch weiterzuleben. Auf ein solches Leben schauen wir nicht so gerne, weil wir sonst Schuldgefühle bekommen.

Ich reflektiere hier nicht nur so viel vom Schreiben, um weiter mit dir im Gespräch über die Notwendigkeit von Geistern zu bleiben, sondern weil Geister uns – oder mir jedenfalls – beibringen, dass kein Schmerz bedeutsamer ist als ein anderer, und dass es nichts bringt, sich gegenseitig darin zu überbieten, wer in welchem Krieg am meisten gelitten oder verloren hat. Wir sollten dem Opferrollenkomplex entsagen. Als wir die von dir angesprochene Doku angesehen haben, dachte ich nicht, dass die Vietnames:innen in Rostock weniger unter Rassismus und Angriffen gelitten hätten als die Menschen in Syrien. Solche Vergleiche zieht keiner, der unter Unrecht gelitten hat, sondern nur, wer seine Anliegen kommerzialisieren will. Wer selbst keine Unterdrückung oder Krieg erlebt hat, geht mit Menschen hausieren, die dies erlitten haben, um sich damit zu bereichern oder sichtbarer zu werden.

Die Bilder von dem brennenden Asylheim haben mich sehr wohl getroffen. Du magst dich fragen, warum ich es dir nicht gezeigt habe. Es hatte nichts mit Verlusten zu tun, die einen gegen Trauer und Empathie abhärten und die einen gleichgültig gegen Unrecht machen. Die Doku hat mir im Gegenteil das Gefühl gegeben, dass Schmerz überall gleich ist. Das brennende Haus und die darum herumstehenden extremistischen Brandstifter haben mich daran erinnert, wie das syrische Regime gegen Oppositionelle vorgeht.

Einmal habe ich mich in Südsyrien vor Sicherheitskräften versteckt, die ein Dorf durchkämmten, Bewohnende festnahmen und Häuser plünderten. Die Armee wollte sich an einem Oppositionellen rächen, der ihnen vermeintlich als Spitzel diente, der aber tatsächlich den Aufstand unterstützt hatte. Die Soldaten banden ihn in einem Raum fest und zündeten dann das Haus mit ihm darin an. Ganz stolz waren sie darauf! Ich hatte das Haus nachts brennen sehen und erst am nächsten Tag erfahren, was passiert war. Ich zitterte, als ich es erfuhr, und wunderte mich, warum alle anderen die Nachricht so kühl aufnahmen. Ich merkte, wie gleichgültig einen Schreckensmeldungen machen können, die man immer wieder hört, vor allem, wenn man selbst mitten im Geschehen ist.

Aber weißt du, was die Leute viel mehr beeindruckt hat als das Schicksal des lebendig verbrannten Mannes? Die Soldaten hatten alle Häuser gestürmt, das jeweils Wertvollste daraus geplündert und in ihre Panzer und Armeefahrzeuge gesteckt.

Als die voll waren und sie in weiteren Häusern noch Wertvolleres entdeckten, sortierten sie die billigeren Sachen wieder aus, und als die Dorfbewohner:innen wieder zurückkamen, fanden sie bei sich zu Hause die seltsamsten Sachen, die ihnen gar nicht gehörten: Elektrogeräte, Essen, Zigaretten … Mit dieser Anekdote lenkten wir uns von den Verhaftungen und Tötungen ab. Die zurückgekehrten Dorfbewohner:innen stellten alles, was ihnen nicht gehörte, auf die Straße, damit die Besitzer:innen ihre Sachen wiederfinden konnten. Und die, denen die Armee ihren Besitz geraubt hatte, ohne dass sie etwas wiederbekamen, nahmen es hin. Hahaha! Es ist schon komisch, wie das Gedächtnis uns vereint, Vanessa!

Übrigens, da ich mit einem Zitat von Tschechow begonnen habe: Weißt du, wie ich an das Buch gekommen bin? Ich hatte in Syrien in einer Zeitung gelesen, dass ein Buch mit Notizen und Textskizzen von Tschechow ins Arabische übersetzt wurde, die man nach seinem Tod in seinem Schreibzimmer gefunden hatte, und dass diese Übersetzung nun in Buchhandlungen erhältlich war. Das war wenige Wochen vor meiner Flucht aus Damaskus. Ich versuchte, die Armee-Checkpoints zu umgehen, die in der ganzen Stadt errichtet worden waren, denn dort hätte man mich sofort verhaftet, weil ich mich dem Armeedienst entzogen hatte. Ich ging daher zu Fuß und nutzte die kleinsten Gassen. Bevor ich die Stadt verließ, wollte ich unbedingt noch dieses Buch kaufen. Ich lief bestimmt über zehn Kilometer, um zu den Buchläden in der Altstadt zu gelangen, wo die Armee besonders präsent war. Als ich die Hoffnung gerade aufgeben wollte, verwies mich ein Ladenbetreiber an eine Buchhandlung, in der ich das Werk vielleicht bekommen könnte. Es war ein altes Geschäft mit vielen seltenen und wertvollen Büchern, aber auch solchen, die sich schlecht verkauften. Jedenfalls fand ich dort meinen Tschechow, und er wurde mein Begleiter auf meiner Flucht.

Ahmad

***

Lieber Ahmad,

ich verstehe sehr gut, dass du dich am liebsten ins Banale und Abseitige flüchtest, anstatt die ganz großen Narrative zu bedienen. Von Journalist:innen wird oft erwartet, die Antwort auf größtmögliche Fragen zu liefern, aber oft ist es so, dass ich viel mehr kleine Fragen habe und sie bei der Recherche mehr werden. Es erfordert Disziplin, immer wieder zu den großen Fragen zurückzukehren und die Rechercheergebnisse in eine konsistente Erzählung zu packen. Früher empfand ich diesen Prozess als sehr befriedigend, heute engt er mich ein.

Viel mehr genieße ich gerade, beim Schreiben meine Gedanken fliegen zu lassen, mir zu erlauben, mich auch mal zu verirren. Ich habe mich zum Beispiel seit meinem letzten Brief versucht zu erinnern, welche Geistergeschichten ich als Kind gehört habe. Mir fielen sie nicht so recht ein, nur ganz verschwommen weiß ich noch, dass ich vor Monstern unter dem Bett gewarnt wurde (damit ich es nachts nicht verlasse) und dass meine Tante und meine Cousine Geister fürchteten – bis meine Tante eines Tages erklärte, es gebe in Deutschland keine Geister.

Die beiden kamen viele Jahre nach meinen Eltern nach Deutschland, ich war schon auf dem Gymnasium, als mich eines Nachts, ich hatte schon geschlafen, eine fremde Frau weckte und meine Mutter sie als ihre jüngere Schwester vorstellte. Sie sahen sich verblüffend ähnlich und hatten denselben Sprachfehler: Sie vertauschten die Buchstaben N und L. Wenige Monate später holte meine Tante ihre Tochter nach, sie hieß Dương, ein für deutsche Zungen außergewöhnlich schwieriger Name. Es musste also ein neuer her, und weil uns kein schöner mit D einfiel, gingen wir weiter zum nächsten Buchstaben im Alphabet und blieben bei Emily hängen. Meine Cousine probierte ihn eine Weile aus, konnte sich aber nicht so recht damit anfreunden und wählte Kim. Kim und meine Tante jedenfalls sprachen anfangs viel über Geister: wo sie überall lauerten, ob wir denn keine Angst hätten.

Nach einigen Jahren in Deutschland sagte meine Tante schließlich: «Ich weiß auch nicht. In Vietnam habe ich solche Angst gehabt, aber hier scheint es einfach keine Geister zu geben.» Es war ihr selbst ein Rätsel.

Bis zu dieser Erkenntnis musste ich immer abwiegeln: Ich hatte wirklich keine Angst vor Monstern unter dem Bett, beteuerte ich. Dafür hatte ich eine gute Fee, die jede Nacht aufleuchtete und mich zum Beispiel durch den dunklen Flur aufs Klo begleitete. Ihre helle, schwebende Gestalt nahm mir jede Angst, und wenn meine Eltern sich wunderten, warum ich als Kind so furchtlos war, dann behielt ich diese Fee als mein kleines Geheimnis. An sie glaubte ich ganz fest, ich konnte sie ja sehen und spüren. Alle anderen metaphysischen Figuren hingegen hielt ich für Hokuspokus, entsprechend dachte ich, meine Cousine Kim spinnt ein bisschen.

Es vergingen einige Jahrzehnte ohne Geister, sie verschwanden einfach aus unserem Denken und Sprechen, und niemand vermisste sie. Rückblickend finde ich das irgendwie traurig.

War es die Migration, der neue Ort, der die Geister meiner Tante und Cousine verschwinden ließ? War es mein Erwachsenwerden und vielleicht auch meine Assimilation in westliche Glaubenssysteme, die meine gute Fee verschwinden ließen?

Interessanterweise blieben in meinem Leben die Geister nur so lange weg, wie ich Gedanken an meine Herkunft ausblendete. Als ich mich vor einigen Jahren mehr mit meiner Identität und mit Vietnam beschäftigt habe, kamen sie wieder. Nicht plötzlich und auch nicht auf dominante Weise, eher ganz nebenbei, in Geschichten und Gesprächen.

Letztens zum Beispiel, nach einem Trauerfall in meiner Familie, rieten alle der schwangeren Schwiegertochter des Verstorbenen davon ab, zur Trauerfeier auf den Friedhof zu gehen, weil es dort Geister gebe und diese dem ungeborenen Baby schaden könnten. Ich zweifelte keine Sekunde daran, dass man die Furcht ernst nehmen müsse. Wenn du dich nun fragst, ob ich ernsthaft an Geister glaube, die Babys heimsuchen – nun ja, ich glaube zumindest, dass Geister für manche Menschen wirkmächtig sind und deren Entscheidungen und Einschätzungen beeinflussen. Dass sie für etwas stehen, das keine andere Form findet. Und dass die Form des Geistes keine abzuwertende Form ist. Kein «Hirngespinst», wie es auf Deutsch heißt.

Aber lass mich nochmal ein paar Jahre zurückspringen, in die Phase, in der es keine Geister in meinem Leben gab. Ich glaube, ich hatte eine ganz andere Strategie als du zur Bewältigung der Welt da draußen. Statt Metaphern suchte ich die klarsten Worte und Sätze, die ich finden konnte. Ich verschlang Stilbücher und fand Freude daran, Sätze grammatikalisch zu entwirren, in bekömmliche Portionen zu hacken und präzisere Worte zu finden. Wahrscheinlich ist das Buch, das ich anderen Leuten am häufigsten empfohlen und geschenkt habe «Deutsch für Profis» von Wolf Schneider – ein einstiger Hitler-Verehrer. In einem Interview las ich mal, dass er seine beiden Kinder «ein Zehnerl» zahlen ließ, wenn sie beim Frühstück einen Satz grammatisch nicht korrekt zu Ende brachten.[11] Die Erziehungsmethode war mir zwar unsympathisch, ich war aber aufgeregt und fasziniert, auf der Journalistenschule seine Tochter Susanne Schneider als Sprachlehrerin zu haben. Sie war so streng, wie ich mir ihren Vater vorstellte. Ungenauigkeiten, Redundanzen und schiefe Bilder verachtete sie regelrecht, ebenso Adjektive. Ich saugte das alles auf wie eine Offenbarung und unterwarf nicht nur meine Sprache einer statischen Vorstellung von Ordnung, sondern auch meine Erinnerungen. In meinem Tagebuch hielt ich meist nüchtern-chronologisch fest, was ich erlebt hatte. Geriet ich in Konflikte, sortierte ich mich, indem ich Satz für Satz aufschrieb, was aus meiner Sicht geschah. Die niedergeschriebene Welt durfte nicht so wirr und überwältigend sein wie mein eigenes Empfinden und Erleben, und hatte ich erstmal meine Worte gezähmt, dann wurde ich ganz ruhig.

Wenn sich hingegen meine Mutter wie so oft wiederholte oder mir umständlich oder vage antwortete, dann wurde ich wütend und belehrte sie. Mir war unbegreiflich, warum andere Menschen meine Obsession zur Klarheit nicht teilten und sich in meinen Augen auch keine Mühe machten. Warum sie Dinge taten und glaubten, die sie nicht erklären konnten oder wollten. Für mich war das alles Aberglaube: Horoskope, Glücks- und Pechtage, Omen, Krebs heilende Lebensmittel.

Heute denke ich, dass meine ganzen Anstrengungen, Klarheit in einer Welt voll Chaos zu erzeugen, im Grunde von derselben Sehnsucht getrieben wurden wie der Aberglaube meiner Mutter: Wir suchten Halt und nutzten dafür unterschiedliche Mittel. Letztlich war ich mit meinen Mitteln wahrscheinlich nicht näher an der Wahrheit, aber sie verschafften mir eine innere Ruhe und beförderten mich näher an die deutsche akademische Mittelschicht. Und so schrieb ich dieser Schicht im Sommer 2017 so klar und einfach ich konnte meine «Schrottcontainerkindheit» auf und wurde in ihre Kreise aufgenommen. Ich und meine Familie. Zu einer Preisverleihung[12] nahm ich meine Eltern mit und all diese Menschen mit wichtigen Titeln und gut sitzenden Anzügen schüttelten meinen Eltern die Hand. Nie habe ich sie so stolz gesehen.

Als mich dann dieser Boulevardjournalist anrief und mir eine Lügengeschichte unterstellte, da hatte er zumindest mit einer Sache Recht: Das, was ich aufgeschrieben hatte, war nicht die ganze Wahrheit. Es war eine gut sortierte Wahrheit. Alles hatte sich so zugetragen. Gleichzeitig sehe ich fünf Jahre später mehr, als ich damals sehen konnte. Ich sehe mehr Unschärfen. Mehr offene Fragen. Mehr halbe und viertel Geschichten. Kaputte Geschichten. Unlogische Geschichten.

Zu den unvollständigen Geschichten gehören vor allem die Geschichten der Frauen in meiner Familie, zum Beispiel die meiner verstorbenen Großmutter väterlicherseits. Ich war zu jung, um den Tod einer mir unbekannten Frau richtig zu begreifen, und zu überfordert von den Trauerritualen, die ich plötzlich ausführen sollte. Meine Eltern, Geschwister und ich banden uns in unserer damaligen Wohnung weiße Tücher um den Kopf, wir zogen uns weiß an und knieten uns vor brennenden Räucherstäbchen nieder, verbeugten uns tief, bis die Stirn den Boden berührte. Die Erwachsenen beteten irgendwas oder klagten, so genau konnte ich das nicht unterscheiden. Ich strengte mich vor allem an, nichts Falsches zu machen.

Bevor wir auf diese Weise am anderen Ende der Welt meine Oma verabschiedeten, hatte sie als Geist eine letzte Runde gedreht. Kurz vor ihrem Tod besuchte sie offenbar mehrere Familienmitglieder in ihren Träumen und auch in ihrem Alltag. Das fand ich Jahrzehnte später heraus, als ich zu Besuch in Vietnam war und wir ihren Totentag vorbereiteten. Verwandte aus dem ganzen Land waren angereist, alle packten an, säuberten das Grab und den Hof, rupften Kräuter, hackten Bambuswurzeln und Bananenblüten. Und viele erzählten, meine Oma kurz vor ihrem Tod in irgendeiner Gestalt getroffen zu haben. Ihre Stimmen überlagerten sich in ihrer Aufregung zu einem ehrfürchtigen Gemurmel.

Am Ende des Trubels standen wir mit Räucherstäbchen am Grab, den Himmel durchzogen rosa- und graufarbene Streifen und am Boden wehten weiße Plastiktüten. Und meine Oma, sie war nirgends. Ich habe sie nie in meinem Leben gesehen und sollte sie auch jetzt nicht sehen. Nicht in meinen Träumen, nicht als Geist, einfach gar nicht. Unsere Familiengeschichte hatte uns noch vor meiner Geburt auseinandergerissen und ich hatte nichts von ihr, in keiner Gestalt. Trotzdem hinterließ sie ein Loch. Ich kann es nicht genauer beschreiben oder lokalisieren. Ich weiß nur: In diesem Loch sind sie und so viele andere Personen und Geschichten, und ich habe keinen Zugang zu ihnen. Während also alle so andächtig mit ihren Räucherstäbchen am Grab standen, folgten meine Augen nur den Rauchschwaden ins Nichts. Ich starrte ins Leere, bis ich gar nichts mehr sah und irgendwer mir einen Hinweis gab, dass wir zurückgehen sollten. Ich denke oft an die Szene, sie kommt mir immer wieder, aber ich weiß nicht, warum und wohin damit.

Man kann in der Leere keine Ordnung schaffen. Man kann eine echte Ordnung nur schaffen, wenn es sie schon vorher gab, wenn man an etwas anknüpfen kann, wenn man einordnen kann. Alles andere ist ein Herumtasten, ein Neuaufbau, der keinen Regeln folgen muss als jenen, die man in dem Prozess schafft. Ich weiß nicht, ob es ein angemessenes Gefühl ist, aber ich war berührt, als du mir von den Dorfbewohner:innen erzählt hast, die ihre geplünderten Gegenstände wieder sortierten. Ob diese Dinge wohl einen neuen Wert erfahren? Oder sind sie eher schmerzhafte Erinnerungen? Oder einfach nur: Dinge? Wie geht es dir mit den Dingen, die du aus Damaskus bis hierher gebracht hast? Wie ging es mit dem Tschechow-Buch weiter?

Deine Vanessa

***

حبيبتي فانيسا،

mein Verhältnis zum Glauben war in meiner Kindheit ein ganz besonderes, denn es war von Freiwilligkeit geprägt. Deine Geschichte über die kleine Fee hat mich daran erinnert. Mein Glaube wurde mir über die Jahre immer wichtiger, und ich begann ihn tiefer zu reflektieren – aber nicht aus Gewohnheit oder aus einer Pflicht heraus, zu der einen die Familie drängt. Meine Familie war damals nur im traditionellen, gesellschaftlichen Sinn religiös und nicht mehr als nötig. Eines Tages ging es im Koranunterricht in der Moschee um zwei Verse, die mich sehr beeindruckten:

وَلَقَدْ خَلَقْنَا الْإِنسَانَ وَنَعْلَمُ مَا تُوَسْوِسُ بِهِ نَفْسُهُ ۖ وَنَحْنُ أَقْرَبُ
إِلَيْهِ مِنْ حَبْلِ الْوَرِيدِ (16) إِذْ يَتَلَقَّى الْمُتَلَقِّيَانِ عَنِ الْيَمِينِ وَعَنِ
الشِّمَالِ قَعِيدٌ (17)

Wir haben den Menschen erschaffen und wir wissen, was ihm sein Inneres zuflüstert,
und wir sind ihm näher als seine Halsschlagader (16),
denn rechts und links von ihm sitzen zwei Engel, die es aufzeichnen (17).

(Koran, Sure 50)

Vers 16 handelt von der engen Beziehung des Menschen zu Gott und dessen beständiger Nähe. Später verstand ich, warum Sufis gerade diesen Vers so gerne rezitieren. Er beschreibt die Beziehung zwischen Gott und Mensch als sehr nah und nicht als hierarchisch, als Verhältnis zwischen Schöpfer und Diener. In Vers 17 geht es weiter mit zwei Engeln, die jedem Menschen an die Seite gestellt werden und die jede Bewegung, jedes Wort und jeden Gedanken von ihm notieren, um ihm diese am Jüngsten Tag vorzuhalten, wenn über ihn gerichtet wird.

Ich empfand diese beiden Verse als widersprüchlich. Der erste verweist auf innige Liebe, der zweite ist eine Drohung. Ich war aber der Überzeugung, dass, wenn ich an Gottes Existenz glaube und daran, dass der Islam seine Religion ist, alles richtig sein muss, was Gott im Koran sagt, auch wenn meine geistigen Fähigkeiten nicht immer ausreichen, um die Dimensionen seiner Weisheit zu verstehen. Ich dachte, wenn ich sein Wort annehme, würde auch ich meinen Seelenfrieden finden. Und obgleich sich mein Blick auf die Religion und Schöpfung seither verändert hat, hat mir diese Phase dabei geholfen, alles aus mehreren Blickwinkeln zu betrachten und die Wahrheit dahinter zu ergründen. Das förderte auch mein Verständnis dafür, dass Menschen schreckliche wie auch gute Dinge tun. Ich wollte nicht allein ihre Handlungen betrachten, um mir ein Urteil zu bilden, sondern versuchen, den tieferen Sinn aller Dinge zu erkennen. Als Jugendlicher glaubte ich, der Mensch sei aufgrund der Umgebung, in die er gesetzt wurde, voller Zweifel und handle dementsprechend zwangsläufig so oder so. Bis heute beurteile ich meine Mitmenschen danach, ob sie in ihrem Handeln bereit sind, für Überzeugungen Bequemlichkeiten zu opfern. Das ist die feine Linie, die mich von manchen Freund:innen und Revolutionsaktivist:innen trennt. Ich frage mich immer, ob ein Engagement sich aus Eigeninteresse oder Ideen speist, die nur wenig Einsatz und Reflexion erfordern. Von solchen Leuten halte ich Abstand, selbst wenn ich richtig finde, was sie tun. Jegliche Aktivität, mag sie auch auf noch so guten Absichten beruhen, unterstütze ich nur, wenn die Betreffenden sich dafür aus ihrer Komfortzone herausbewegen.

Zurück zur Geschichte mit den Engeln: Vor allem als Kind glaubte ich an Engel. Gemäß der Volksüberlieferung sitzen sie uns auf den Schultern; der rechts zeichnet die guten Taten auf, der links die schlechten. Als Jugendlicher überzeugte mich diese einfache Unterteilung, die uns die Scheichs in den Moscheen beibrachten, aber nicht mehr, da sich Gut und Böse für mich auch nach unseren Absichten bemessen und nicht nur nach unserem konkreten Tun. (Die syrischen Geheimdienste waren zudem vermutlich mindestens so gut über uns informiert.)

Eines Tages begehrte ich schließlich gegen all diese religiösen Grundsätze auf und machte mir meine Begleitengel zu

Freunden. Ich sprach ihnen gegenüber alles aus, was ich niemandem sonst hätte mitteilen können. So begann ich auch zu schreiben, wenn auch zunächst nicht auf Papier, sondern in Gedanken. Die Ideen bezogen sich auf das Außen und bauten es zugleich nach und nahmen von diesem getrennt ihre eigenen Gesetzmäßigkeiten an. Mein Verhältnis zu meinen göttlichen Freunden wurde immer inniger, vor allem aber zu dem auf der linken Seite, denn den Engel für die guten Taten hielt ich für etwas beschränkt. Alle jungen Menschen halten das absolut Gute für Geschwätz. Trotzdem mochte ich sie beide, und in Momenten der Schwäche, wenn ich mir nicht mehr erklären konnte, was um mich herum vor sich ging, wandte ich mich auch an den rechten Engel, damit er mir etwas Versöhnliches sagte.

Mein Glaube an die Engel beeinflusste auch mein Verhältnis zu meinen Eltern. Eines Tages hörte ich meinen Vater über mich sprechen. Er sagte, er möge mich weniger als meine Geschwister und halte mich für blöd. Er wusste nicht, dass ich alles mit anhörte. Ich muss damals elf oder zwölf gewesen sein. Ich ging in das Zimmer, das mein Bruder und ich teilten, kletterte ins obere Stockbett und weinte. Dann fragte ich die beiden Engel, ob es nicht besser wäre, wenn ich einen anderen Vater hätte. Am Ende der Diskussion kamen wir darin überein, dass es genau diese unklare Beziehung zu meinem Vater war, die es mir erlaubte, mir meine eigene Welt zu bauen. Ob sie gut oder schlecht war, wusste ich nicht, jedenfalls war sie komplex, und sie ermöglichte mir, neben der echten in einer anderen Welt zu leben. Davon werde ich noch mehr erzählen.

Zunächst aber zu deinem «Wunsch nach Klarheit». Ich musste ein wenig darüber lachen, denn ich musste daran denken, wie wir oft über Kleinigkeiten streiten und du mir vorhältst, ich wolle immer jede Kleinigkeit diskutieren und nichts übergehen, ohne es endgültig geklärt zu haben.

Nach der Diskussion mit den Engeln änderte sich mein Verhältnis zu meinem Vater. Er wurde zu einem Charakter in meinem Kopf und alles, was zwischen uns vorfiel, beflügelte von nun an meine andere, innere Welt. Ich weiß nicht mehr, wann ich aufhörte, zu den beiden Engeln zu sprechen, aber irgendwann reflektierte ich andere Menschen, ohne auf metaphysische Gestalten zurückzugreifen.

Übrigens, weißt du was? Ich habe keine Ahnung, wie mir das Tschechow-Buch abhandengekommen ist. Hat es mir jemand gestohlen? Habe ich es jemandem geliehen? Oder es verschenkt, weil ich kein Geld für ein richtiges Geschenk hatte? Ich habe es schon immer vermieden, mich zu sehr an Dinge zu klammern, die ich besitze, vielleicht weil ich nie das Gefühl hatte, dass etwas allein mir gehört.

In Syrien las ich mal im Bus eine Analyse der Josefsgeschichte im Koran. Ich mochte die Darlegungen über die cineastische Erzählweise der Josefsgeschichte so sehr, dass ich sie schon zum zweiten Mal las. Ein junger Mann starrte begierig auf mein Buch. Ich sah ihn an, grüßte ihn und schenkte es ihm unter der Bedingung, dass er es weitergebe, wenn er es gelesen habe. Das fiel mir nicht leicht, denn ich träumte davon, eine Bibliothek mit allen Büchern zu besitzen, die ich je gelesen hatte. Gleichzeitig hasste ich Leute mit endlosen Bücherregalen, in denen sich Bücher stapeln, die niemand anrührt, und wenn die Besitzer:innen sterben, werfen ihre Angehörigen alles weg. Lieber war mir ein eher loses Verhältnis zu materiellen Dingen, auch um mit Verlusten zurechtzukommen. Es stört mich nicht, wenn mein Handy herunterfällt und zerspringt, Wein in meinen Laptop dringt oder ich alles zurücklassen muss, wenn ich in ein anderes Land umsiedle oder auch nur umziehe.

Ahmad

***

فانيسا،

ich schreibe dir gleich noch einmal, noch bevor du meinen vorigen Brief beantwortest, weil ich nicht aufhören kann, über die von dir beschriebene Obsession zur Klarheit und Eindeutigkeit nachzudenken, auch wenn ich glaube, dass sie sich eher auf Gedanken und auf das Schreiben bezieht als auf deine Persönlichkeit. Für mich ist es aber sehr reizvoll!

Ich habe dir schon mehrmals meine Verwunderung darüber vorgehalten, wenn sich dein Charakter ganz plötzlich verändert, und zwar immer dann, wenn es um menschliche Bedürfnisse geht. Du bist immer so ruhig, selbst bei Meinungsverschiedenheiten oder Problemen. Aber in bestimmten Situationen reagierst du impulsiv. Etwa dann, wenn du hungrig bist und wir unterwegs sind. Du wirst wütend, wenn wir nicht sofort alles stehen und liegen lassen und irgendwohin zum Essen gehen, und sei es in ein teures Restaurant, obgleich du sonst nicht viel isst und es manchmal sogar vergisst. Oder wenn du schläfst und jemand dich weckt. Einmal saßen wir in der U-Bahn, und als ich merkte, dass wir gleich aussteigen müssen, rüttelte ich dich wach. Du sprangst auf und hast mich angeschrien. Ähnlich ist es jedes Mal, wenn du zur Toilette musst und nicht sofort eine findest.

All diese Reaktionen beziehen sich auf Grundbedürfnisse.

Nie erlebe ich das bei dir im Zusammenhang mit anderen Dingen, selbst wenn dich jemand verärgert oder in Verlegenheit bringt. Letzte Nacht bist du aufgewacht und hast nach meinem Arm gegriffen, auf dem du gelegen bist. Du hast ihn auf die andere Seite geworfen, dich wieder zusammengerollt und bist wieder eingeschlafen.

Du wirst dich vermutlich nicht an diese Situation erinnern, aber ich musste in dem Moment daran denken, dass du in einer Flüchtlingsunterkunft groß geworden bist. Das vergesse ich viel zu oft. Du bist nicht geflüchtet, sondern hier geboren, aber aufgewachsen bist du im Asylbewerberheim. Dieses Mädchen von damals sehe ich ab und an, dieses Mädchen, das überleben will, das essen will, das Sicherheit will, das dringend aufs Klo muss, das friedlich schlafen will.

Das ist eine ganz andere Person als die, die du sonst bist: die akkurate, vorbildliche, keine Rechtschreibfehler duldende Vanessa. Ich kann diesen widersprüchlichen Charakter nicht besser beschreiben. Dann und wann reagierst du plötzlich gereizt, und ich kann das ein wenig verstehen, wenn auch nicht ganz, aber ich versuche es zu akzeptieren. Ich weiß jetzt jedenfalls, wie sehr du mich liebst, wenn du dich nicht darüber aufregst, wenn ich etwas falsch ausdrücke.

Ahmad

***

Lieber Ahmad,

wusstest du, dass ich auch mal eine religiöse Phase hatte? Ich meine nicht die Fee. Meine Familie ist atheistisch, aber meine

Eltern schickten mich in einen katholischen Kindergarten, wo mich Ordensschwestern in langen, schwarzen Gewändern und Schleiern hüteten. Sie brachten mir bei, meine Hände zu falten und zu beten. Es gefiel mir, also betete ich auch zu Hause. Mein Glaube, wenn man das so nennen kann, hielt aber nicht lange. In der Schule wurde ich in den Ethikunterricht sortiert und verlor bis auf das Kreuz im Klassenzimmer und gelegentliche Schulgottesdienste jede Verbindung zum Christentum.

Du hattest aber nach meinen impulsiven Reaktionen gefragt, was mir zugegebenermaßen furchtbar peinlich ist. Ich fühle mich ertappt und möchte bei diesem Gefühl bleiben. Denn natürlich wäre ich am liebsten zu jeder Zeit beherrscht und vorzeigbar – aber warum eigentlich? Welches Bild möchte ich abgeben? Für wen und warum?

Mein Bild von mir ist nur eine Momentaufnahme von vielen. Wenn ich alte Freundinnen oder Bekannte treffe, höre ich oft denselben Satz: «Du hast dich so verändert.» Es stimmt schon, ich habe mich oft verändert, und ich wollte das so. Man kann sich mein Leben wie ein Computerspiel vorstellen, wie eine Mischung aus «Super Mario», wo man durch immer neue Welten hüpft, und «Sims», wo ich zwischenmenschliche Interaktionen durchspielte, die ich im echten Leben nicht zustande brachte. Ich war eine ehrgeizige Spielerin, in der echten wie in der digitalen Welt. Meine Superkraft war, mich immer sehr schnell an neue Umgebungen anpassen zu können und etwas Großes aufzubauen oder zu erreichen. Und obwohl es dadurch für mich immer weiter ging und ich immer wieder gläserne Decken sprengte, blicke ich nicht sonderlich stolz darauf zurück, eher abgestumpft und erschöpft. Man muss sich ja ständig neu erfinden und sich ständig unter Kontrolle haben, um nicht bei der nächsten Gelegenheit wieder abzustürzen. Man gehört ja nicht in diese vielen neuen Welten. Man ist nur irgendwie dahin gekommen. Dieser Spielmodus war eigentlich ein Überlebensmodus, aber ich habe ihn zum Status quo gemacht. Wenn du mich also auf Verhaltensmuster hinweist, die so gar nicht in die Welt passen, in die ich mich quasi hochgespielt hab, dann fühle ich mich als Spielerin entlarvt. Dann überkommen mich Absturzgedanken.

Oft beneide ich Menschen, deren Lebenswege vorgezeichnet waren oder mir so erschienen. Ich ging zum Beispiel mit einem Mädchen zur Schule, deren Eltern getrennt waren. Nennen wir sie hier Juliane. Ihr Vater war Notar in der Nähe von Berlin und sie wohnte mit ihrer Mutter in einem blauen Haus in meiner Parallelstraße. Ihr Vater kaufte ihr regelmäßig Flugtickets, damit Juliane ihn besuchen konnte, und mich beeindruckte, wie nonchalant sie von den Flügen und Flughäfen berichtete. Eines Tages erhielten wir die Hausaufgabe, eine kleine Rakete zu bauen, dafür sollten wir eine leere Filmdose mit Backpulver und Essig füllen. Juliane und ich wurden einander als Versuchspartnerinnen zugeteilt und sie schlug vor, den Versuch bei sich zu Hause zu machen. Ich weiß noch, wie ehrfürchtig ich hangaufwärts zu diesem großen, blauen Haus stapfte und wie ich schnaufend oben ankam; wie mich dort ihre perfekte Mutter empfing, so sanft und entspannt; wie harmonisch, erhaben und lichtdurchflutet der Eingangsbereich mir erschien; wie die Mutter mir sagte, Juliane komme gleich, sie habe eben geduscht; und dann stieg Juliane mit ihren langen, blonden, frisch gewaschenen und gekämmten Haaren die Wendeltreppe herab und lächelte mich an. «Hey», sagte sie. «Legen wir gleich los?», fragte ich. Wir gingen mit unserem Experiment vor das Haus. Unsere Rakete kam bis kurz vor Julianes Balkon im ersten Stock.

Aus Neugierde habe ich eben nachgesehen, was aus ihr wurde, und fand ein Foto von ihr in weißer Bluse mit schwarzem Blazer darüber, souveräner Blick, die Haare trägt sie noch immer lang und offen. Juliane studierte offenbar wie ihr Vater Jura und beschäftigt sich nun für eine Kanzlei mit Immobilieninvestitionen und Asset Management. Wie es ihr wohl geht? Ich traue mich nicht, zu fragen, so wie ich generell fast keine Mitschüler:innen von damals mehr getroffen oder gesprochen habe. Ich war ihnen fremd und heute sind sie mir fremd.

Je besser meine Noten wurden, je mehr Stipendien ich bekam, desto mehr begegnete ich jedenfalls Menschen, die wie Juliane in meiner Vorstellung eher durch das Leben schreiten, als verzweifelt im Schlamm zu strampeln und wie Ertrinkende nach oben zu greifen. Ich weiß, dass auch sie Probleme haben, dass einige unzufrieden oder gar todunglücklich sind, dennoch frage ich mich manchmal, wie es wohl ist, wenn einem so viele Türen offenstehen. Wenn man abweichen und ausbrechen kann, sich verwirklichen und ökonomisch unvernünftige Entscheidungen treffen kann, Kunst studieren oder so. Oder wenn man es sich einfach gemütlich machen kann: denselben Dialekt wie die Vorfahren sprechen, ihre Gewohnheiten und Netzwerke übernehmen, dieselben Orte besuchen und dort willkommen sein, vorgezeichnete Berufswege gehen. Wie oft ich gehört hab, dass meine Kommiliton:innen über ihre Familien an Wohnungen und Jobs kamen! Einige ehemalige Mitschüler:innen bauten sogar Häuser auf den Grundstücken ihrer Eltern. Wie schön muss es sich leben, wenn man weiß, dass die Familie einen immer auffangen wird, einen sogar dabei unterstützen kann, etwas Eigenes aufzubauen.

Wäre ich lieber in so eine Familie geboren worden? In Momenten der Erschöpfung würde ich diese Frage bejahen. Andererseits mag ich, wie ich geworden bin, und ich weiß, dass ich es nicht ohne die vielen Kämpfe geworden wäre. Aber natürlich hätte ich lieber weniger gekämpft und frage mich, wer ich ohne den ganzen Anpassungsdruck geworden wäre.

Wie du dich an deinem feindseligen Vater abgearbeitet hast, so habe ich mich wahrscheinlich an dieser feindseligen Gesellschaft abgearbeitet. Ich hatte keine Wahl. Abgeschiedene Asylbewerberheime sind wie ein Vakuum, in dem man nur ersticken kann. Niemand hat mir diese sonderbare Welt vorgestellt – wie auch? Niemand hat mir alles erklärt – was auch? Niemand hat mir wichtige Leute vorgestellt – wen auch? Meine Eltern waren ja selbst orientierungslos und isoliert. Sie steckten alle ihre Hoffnungen auf Aus- und Aufstieg in mich, und Versagen oder auch nur Stagnation hätte existenzielle Folgen für uns alle gehabt. Weißt du, wie mein Vater mir Schwimmen beibrachte? Er warf mich als Kind einfach ins Wasser. Ich hasse es bis heute zu schwimmen. Aber ich wurde sehr gut darin, die Anforderungen anderer zu verstehen und sie einfach zu erfüllen.

Die Sache ist: Es gab nie ein Ziel, nur eine Richtung, nach oben. Genauso gut hätte ich im Kreis laufen können, und so fühlte es sich oft an. Denn bei jedem Aufstieg ging es wieder von vorne los, wie bei Sisyphos, der die göttliche Ordnung nicht akzeptierte und immer wieder den Tod austrickste. Zur Strafe muss Sisyphos in alle Ewigkeit einen Felsblock auf einen Berg hinaufwälzen, der kurz vor dem Gipfel wieder ins Tal rollt. Hatte auch ich eine Art göttliche Ordnung missachtet, indem ich nicht das Asylantenmädchen blieb, sondern mich in andere Welten kämpfte? Werde ich dafür nun mit ewiger

Erschöpfung bestraft? Ich bin erschöpft, so erschöpft. Ich war schon erschöpft, bevor ich richtig anfing.

Als ich 2017 die Journalistenschule beendete und meinen ersten Jobvertrag in der Tasche hatte, kam mir eine Vorstellung: Ich fuhr Zug, rechts und links der Gleise war nichts, vor mir auch nichts, ein bisschen wie bei Ghiblis «Chihiros Reise ins Zauberland». Dann stieg ich aus, auf eine weiche, grüne Wiese. Ich war geblendet, atmete ungewöhnlich klare Luft und konnte mein Glück nicht fassen. Was für viele andere der Start ins Leben war, in ihr eigenes, echtes Leben, in die Arbeitswelt – das fühlte sich für mich an wie ein Ankommen. Ich war am Ziel.

Deine Vanessa

***

حبيبتي فانيسا،

lies doch nochmal den letzten Absatz deines Briefs! Ich habe ihn mehrfach gelesen und musste lachen. Wie kann ein Jobvertrag eine «Pause» sein (geschweige denn «ein Ankommen»)??? Ich lachte nicht, weil ich es seltsam finde, sondern weil ich es genauso ironisch finde wie du. Für die meisten Menschen beginnt die Mühe mit dem ersten Arbeitsvertrag, weil sie nicht sehr darum kämpfen mussten, ein gutes Angebot zu bekommen. Das ist für sie nach vielen Jahren des Studiums und des Spaßes eher selbstverständlich. Für dich aber war es ein Selbstbehauptungskampf und eine Überwindung von Hindernissen, die sich denen entgegenstellen, die keine weißen Privilegien haben. Wenn man mit einem solchen System und mit gesellschaftlichen und familiären Erwartungen konfrontiert ist, wird aus einem abgeschlossenen Arbeitsvertrag ein Anlass, durchzuatmen und eine Kampfpause zu machen. Man hat gar keine Angst vor dem neuen Job, weil er nicht schwerer sein kann als alles, was man zuvor überwunden hat.

Darüber habe ich in den letzten zwei Wochen viel nachgedacht, als ich mit meiner Rückenverletzung im Bett lag. Dass ich wegen meiner Schmerzen nicht arbeiten konnte, schmerzte mich mehr als die eigentlichen Rückenschmerzen, wegen derer ich kaum denken, schreiben oder auch nur lesen konnte. Ich hasste mich wegen dieses Ohnmachtsgefühls, denn wenn ich nicht arbeite, fühle ich mich wertlos. Ich weiß, dass das eine ungesunde Reaktion ist, aber auch wenn ich glaube, dass es mich schneller gesund macht, wenn ich mich ganz auf die Schonungsphase einlasse, macht mein Körper dabei nicht mit. Jahrelang war er damit beschäftigt, zu überleben, und Arbeiten hieß überleben, für mich und für meine Familie. Jede Ruhepause konnte bedeuten, alles zu verlieren.

Als letzte Woche meine Schwester Suzan nach Deutschland kam, wollte sie, obwohl wir uns über zehn Jahre lang nicht gesehen hatten, schon am zweiten Tag nach ihrer Ankunft in ihre Wohnung gehen, um ihre Sachen auszupacken und sich einzurichten. Du warst erstaunt, dass sie gar keine Zeit mit uns verbringen wollte. Hatten wir denn gar keine Sehnsucht nacheinander? Aber auch Suzan war im Überlebensmodus, und ich wunderte mich überhaupt nicht über ihr Verhalten. Ich lachte, als sie sagte, wir wüssten nicht mehr, was vermissen bedeutet und wie man mit solchen Gefühlen umgeht, weil wir permanent in Alarmbereitschaft waren, um zu überleben. Das führt zwangsläufig dazu, dass Sehnsucht als etwas Beiläufiges, wenn nicht als Luxus angesehen wird.

Auch ich habe gerne «Super Mario» gespielt, aber anders als du wollte ich dabei nie gewinnen. Vielleicht habe ich Angst davor, oder ich fühle mich nicht besser, wenn ich gewinne. Ich benutzte gern gehackte Versionen des Spiels, die Mario noch bessere Eigenschaften gaben als in der Originalversion. Er konnte zum Beispiel rückwärts gehen und fliegen und starb nicht. Dadurch konnte ich viel länger in bestimmten Spielphasen bleiben. Was nützt es denn auch, wenn er am Ende das Ungeheuer tötet, um die verwöhnte Prinzessin zu retten? Ich wollte keine Prinzessin retten. Ich hasste Geschichten von Prinzessinnen und schönen Frauen, vor allem «Die Schöne und das Biest». Ich habe versucht, solche Geschichten umzuschreiben, nach dem Motto: Schöne Frau liebt Monster, aber das Monster liebt sie nicht, weil sie einfältig ist und sich nur für Blumen interessiert. Natürlich habe ich damals viel zu sehr verallgemeinert, dass schöne Frauen wahrscheinlich doof sind. Aber zumindest habe ich dadurch so manch verbreitete Rollenerwartungen hinterfragt.

Leider beeinträchtigte mein fehlender Ehrgeiz zu gewinnen mein Studium. Einmal arbeitete ich während einer Prüfungsphase an einer Kurzgeschichte, an der ich schon über einen Monat lang gesessen hatte. Es gelang mir aber erst in der Nacht vor der Prüfung, sie richtig niederzuschreiben. Ich war so froh darüber, endlich in den Schreibfluss zu kommen, dass ich das Lernen sein ließ und stattdessen bis sechs Uhr morgens meine Geschichte zu Ende schrieb. Ich war voller Glück darüber und ging zur Uni. Als ich davorstand, merkte ich, dass ich die Prüfung gar nicht ablegen wollte, obwohl ich insgesamt gut vorbereitet gewesen wäre. Ich ließ die Prüfung sausen und ging stattdessen in die Altstadt von Damaskus, um zu feiern, dass ich meine Kurzgeschichte geschrieben hatte.

Das war im Nachhinein betrachtet ziemlich dumm von mir, aber meine Geschichte gewann bei einem Literaturwettbewerb den zweiten Platz. Der Vorsitzende des Schriftstellerverbandes sagte mir sogar, sie hätte den ersten Platz verdient, man habe diesen aber einem anderen Autor geben müssen, der viel bekannter und älter war – und der womöglich echauffiert gewesen wäre, hätte ein Einundzwanzigjähriger ihn übertrumpft. Ich war überhaupt nicht böse, weil mir Gewinnen ja nichts bedeutete. Aber in zweifacher Hinsicht spielte die Kurzgeschichte dann doch noch eine große Rolle für mich, denn nachdem sie publiziert wurde, lud mich der Geheimdienst zum Verhör vor. Der Text klang ihnen zu oppositionell. Ich hatte ihn vor Beginn der ersten Aufstände geschrieben, aber gewonnen hatte ich kurz danach, so hatte der Geheimdienst mich jetzt im Visier, mit allem, was das an Unannehmlichkeiten mit sich brachte, sodass ich letztlich aus Syrien flüchten musste.

Zum anderen ließ ich die Geschichte übersetzen, schickte sie ans Heinrich-Böll-Haus und bekam eine Einladung nach Deutschland und eine Residenz. Ich kann bis heute über die Ironie schmunzeln, dass ich mir bei den formalen Prüfungen des Lebens, der Gesellschaft und der Politik nie Mühe gab, das Leben mir aber andere Türen öffnete, die ich gar nicht erwartet hätte, und bei denen ich nie wusste, ob sie Chancen oder ein Unglück bereithalten würden. Immerhin mündeten sie alle in Abenteuern, und Abenteuer liebe ich bis heute. Dadurch wird mein Leben nie monoton, es ist nur manchmal etwas ermüdend.

Als man mir im Verhör vorhielt, meine Kurzgeschichte sei gegen das Regime gerichtet, griff ich auf das Spiel zurück, dass man jede Geschichte unterschiedlich interpretieren kann, und so konnte ich die Sicherheitsbeamten davon überzeugen, dass mein Text im Gegenteil als regimefreundlich zu verstehen sei, indem ich die Metaphern ganz neu interpretierte. Das bewahrte mich davor, in Haft zu kommen. Ich gebe dir die Geschichte hier zu lesen. Sie war der Auftakt zu einer Vielzahl von Neuanfängen mit ungewissem Ausgang, und sie dokumentiert, wie ich damals in Syrien politisch dachte.

Ahmad

***

Lieber Ahmad,

vielen Dank für die Übersetzung. Ich habe schon so oft von den Konflikten gehört, die deine Kurzgeschichte ausgelöst hat, aber so wenig von deren eigentlichem Inhalt. Umso schöner, dass ich sie auf Englisch lesen kann.

Es ist schon seltsam: Ich weiß inzwischen so viel *über* deine Arbeit, aber ich habe kaum Zugang zu deiner eigentlichen Arbeit. Mich treibt manchmal die Frage um, ob ich dich überhaupt verstehen kann, wenn ich dich nicht lesen kann. Ich kann mich deinen Texten nur mit einer künstlichen Intelligenz annähern, muss den Quatsch hinnehmen, den sie manchmal ausspuckt, und mir den Rest zusammenreimen. Es wäre etwas anderes, würdest du Pläne zeichnen, Schrauben produzieren oder Akten verwalten. Aber du schreibst. Du hast immer gegen alle Widerstände geschrieben, und du leidest furchtbar, wenn du es nicht kannst.

Insbesondere die vergangenen zwei Wochen waren hart. Ich kann mich kaum davon abgrenzen, wenn dich ein unerklärlicher Schmerz überkommt, die Ärzt:innen ratlos sind, wir auf die nächste Untersuchung warten, auf die nächsten Ergebnisse, auf den nächsten Termin. Der Schmerz war einfach da, erst in deinem Rücken und schließlich in unserem Leben. Plötzlich stand es einfach still. Nicht auf diese angenehme Weise, wenn man sich über eine Ausrede freut, alles abzusagen, und ein wenig für sich sein kann. Eher so, als würde man auf einer Felsklippe vor einem Abgrund stehen. Für das wuchtige Gefühl, das der Anblick von Abgründen auslöst, ist er erstaunlich still. Vielleicht weht ein Wind, ansonsten ist da nur diese unendliche Tiefe, die bereit ist, einen geräuschlos zu verschlucken.

Vor gar nicht allzu langer Zeit stand ich an so einem beängstigend stillen Punkt. Es war im Spätsommer 2021. Plötzlich ging alles so schnell: Nach vielen Monaten der Isolation hatte ich mich dazu hinreißen lassen, auf ein kleines Festival zu gehen. Alle dachten, dass man nach zwei Impfungen und vorherigen Schnelltests einigermaßen sicher wäre. Ich dachte das auch, aber drei Tage nach dem Festival bekam ich starke Halsschmerzen, Schnupfen, Kopfschmerzen und schließlich Fieber. In den darauffolgenden zwei Wochen war mir Sonnenlicht zu hell, Geräusche waren zu laut, alles schmerzte. Ich wälzte mich im Bett und fühlte mich unendlich dumm, überhaupt auf dieses Festival gegangen zu sein: Ausgerechnet ich, die so vorsichtig war und andere öffentlich zur Vorsicht mahnte – wie konnte ich mir diesen Fehler erlauben? Ab der dritten Woche überkam mich zudem das Gefühl, im Genesungsprozess zu versagen. Gerade die vergleichsweise milden Symptome machten mir zu schaffen. Dieser lästige, trockene Husten und diese Kurzatmigkeit, diese Erschöpfung nach jeder kleinsten Anstrengung. Trotzdem zwang ich mich, wieder zu funktionieren, zumindest für wenige Stunden. Ich beantwortete Mails, stellte mich auf die Bühne und vor die Kamera. Nach jedem Mal ging es mir schlechter als zuvor und ich musste mich wieder für einige Tage krankschreiben lassen. Nach der vierten Woche riet mir meine Hausärztin, eine konsequente Auszeit zu nehmen, vielleicht wegzufahren und Meeresluft zu schnuppern. Ich kann dir gar nicht beschreiben, wie schwer es mir fiel, meinem Arbeitgeber nach vier Wochen Hin und Her erneut ein Attest zu schicken – für weitere zwei Wochen. Ich konnte mir meinen Ausfall ja selbst nicht erklären, wie sollte ich erst anderen erklären: «Hallo, ich huste so ein bisschen, ich kann unmöglich meinen Laptop aufklappen»? Ich hatte das Gefühl, einen Sonderurlaub zu erschleichen.

Wären meine Beine gebrochen oder würde ich fiebrig vor mich hin röcheln – ich hätte das akzeptieren und erklären können. Aber bei Erschöpfung? Sind wir nicht alle mal erschöpft, husten ein bisschen und kriegen trotzdem was auf die Reihe? Anderen hätte ich selbstverständlich zu einer Auszeit geraten, aber mich selbst verwirrte das Stadium zwischen Leistungsfähigkeit und Totalschaden. Ich verurteilte mich dafür, so viel rumzuliegen. Wenn es beim Rumliegen blieb, fühlte ich mich ja auch nicht krank. Was man in all der Zeit hätte machen können: einen halben Roman schreiben, eine neue Sprache lernen, die Welt bereisen. Tatsächlich habe ich nicht mal ein ganzes Buch gelesen, nur eine Serie geschaut und eine Handvoll Podcast-Folgen gehört. Und ansonsten? Keine Ahnung. Die Tage vergingen.

Körperlich habe ich mich schließlich nach sechs Wochen erholt, aber mental verarbeite ich diese Zeit noch immer: Wie konnte ich derart ausfallen? Wieso bin ich so hart zu mir? Ich musste keinen Krieg und keine Flucht überleben, das taten meine Eltern vor meiner Zeit. Trotzdem verhalte ich mich oft, als müsste auch ich ums Überleben kämpfen. Als müsste ich um jeden Preis arbeiten, obwohl man sich in Deutschland krankschreiben lassen darf. Aber ich fühlte das Recht darauf einfach nicht. Konnte es wirklich sein, dass die Sprüche meiner Mutter weiter in mir nachhallten? «Wir sind Ausländer», erklärte sie mir oft, «nicht so klug und gebildet und stark und schön wie die Deutschen, also müssen wir uns mehr anstrengen. Mehr geben. Alles geben. Mehr als alles geben. *Cố gắng.*» Alle Erwachsenen sagten mir das, denn niemand fängt uns auf. Staatliche Hilfen sind für Migranten, die ein dauerhaftes Bleiberecht anstreben, eine Sackgasse.

Und meine Mutter hatte ja Recht. Ich bin mir sehr sicher, dass ich mit einer entspannten Erziehung, mit mehr Achtsamkeit und Laisser-faire nicht da wäre, wo ich jetzt bin. Das Leistungsprinzip, die Versprechen von Würde und Chancengleichheit gelten nicht für die Ränder der Gesellschaft. Da muss man sich alles erkämpfen und verliert meistens trotzdem. Erst irgendwo in für die allermeisten Menschen unerreichbarer Ferne gibt es diese Schwelle, ab der der eigene Lebensstandard eine Entscheidung ist. Ab der man generell viel entscheiden kann und wenig muss.

Und nun kommt die größte Verunsicherung meines Lebens: Ich denke, ich habe diese Schwelle erreicht, aber ich weiß nicht, was ich hier soll. Was macht man, wenn Abstiegsängste mehr ein Gefühl als eine reale Bedrohung sind? Was macht man, wenn man entgegen aller Widerstände mehr geschafft hat, als man sich je erträumt hätte? Was macht man in dieser ominösen «Mitte der Gesellschaft»?

Es gab für mich immer nur Leute, die jeden Cent umdrehen

müssen, und Leute, die das nicht müssen. Erstere sind arm, letztere reich. Erstere müssen sparen, Letztere wollen sparen. Ich erinnere mich, wie mich, nachdem ich 18 wurde, der für meine Familie zuständige Sparkassenberater anrief. Ich glaube, er wollte über Vermögensaufbau sprechen, aber das sagte mir nichts und es interessierte mich auch nicht, denn kein Wort hätte sich für mich damals weiter weg anfühlen können. Ich sagte einem Termin nur zu, weil er kostenlos war. In der Filiale gab er mir eine bunte Pyramidengrafik und kritzelte verschiedene Rechnungen auf einen Karoblock. Ich konnte keine seiner Fragen beantworten und sagte schließlich, dass ich von alledem nichts verstünde, aber ohnehin nicht mit einem Einkommen rechne, das ich jemals anlegen könnte oder von dem ich mir sogar mal eine Immobilie kaufen könnte. Natürlich hatte ich eine Vorstellung vom Sparen, aber die war eher mit Verzicht verbunden als mit Verträgen und Zinsen. Mit einer hässlichen Notwendigkeit, über die man lieber nicht sprach.

In meiner späten Jugend fuhren wir jeden Sommer nach Italien. Der Imbiss lief gut, meine Eltern konnten durch ihre Selbstständigkeit ihre Arbeitszeit selbst festlegen und ein Nachbar notierte uns auf einem Zettel eine knappe Wegbeschreibung: Wir sollten Richtung Salzburg fahren, dann über Villach und Udine bis zur Küste. 465 Kilometer. Für meine Eltern klang das machbar, also packten sie uns drei Kinder eines frühen Morgens mit Reiskocher, einem Sack Reis und Fischsoße in unseren violetten Fiat Ulysse. Wir durchquerten bei sengender Hochsommerhitze die Alpen, sahen Felslandschaften und glitzernde Seen, standen in stundenlangen Staus, in denen Ungeduldige hupten und der Rest vor sich hin döste. Mein Vater saß am Steuer, meine Mutter fächerte uns Luft zu, eine Klimaanlage hatte das bereits in die Jahre gekommene Auto nicht. Wir fuhren immer nach Lignano, einem kleinen Ferienort, und kamen gegen Sonnenuntergang an. Die Hotelanlagen am Sandstrand ließen wir links liegen, wir steuerten in von Pinien gesäumten Straßen Ferienhäuser mit «Zu vermieten»-Schildern an, wo meine Eltern die Preise verhandelten, bis die Vermieter grimmig schauten, aber mangels anderer Gäste einwilligten. Wenn die Erwachsenen die Hände schüttelten, hieß das für uns Kinder, dass wir endlich aussteigen und Sommerferiengeschichten schreiben durften: über drahtige Schlafsofas, riesige Mückenstiche, Wassertrinkwettbewerbe und Bräunungsstreifen. Von meinem Vater lernten wir, mit unseren Füßen nach Strandkrabben zu buddeln. An einem Abend gingen wir auch Pizza essen, was bei uns hieß, dass wir als Familie in eine Pizzeria gingen und nur eine Pizza für uns Kinder bestellten. Die Eltern behaupteten, sie hätten nicht so viel Hunger. Mir war es furchtbar unangenehm, zu fünft einen Tisch zu besetzen und nur eine Pizza zu bestellen, aber meine Eltern beharrten auf ihrem «Nein danke» und schickten die Kellner:innen jedes Mal wieder fort. Wahrscheinlich hätte ich besser damit umgehen können, wenn sie uns einfach erklärt hätten, dass wir uns keine Pizza für alle leisten könnten und eine Pizza besser sei als gar keine. Dann hätte ich mich vielleicht über die aufdringlichen Kellner:innen geärgert und nicht über meine Eltern, deren Sparzwang ich nicht verstand. Dann hätte ich die Pizza vielleicht mehr wertgeschätzt, statt sie zu verschlingen, um den Platz schnell frei zu machen. Manchmal höre ich von der stolzen Arbeiterklasse, aber mit der hatten wir nichts zu tun. Wir haben uns einfach nur alle ständig für alles geschämt.

Kennst du eigentlich «Super Toy Club»? Das war eine Kindersendung aus den Nullerjahren, dabei trat ein Team aus vier Mädchen gegen ein Team aus vier Jungs an. Das Team mit den meisten Punkten qualifizierte sich zum «Super-Toy-Race»: Mit einem Einkaufswagen durften sie drei Minuten durch einen Spielzeugladen laufen und alles einpacken, was sie wollten, wirklich alles! Die Bilder von den jubelnden Kindern, die gierig nach Barbie- und Lego-Packungen griffen – sie versetzten auch mich in einen Rausch. Ich konnte mir gar nichts Besseres vorstellen. Mehr als zehn Jahre später musste ich schmunzeln, als ich mal frustriert durch Rewe lief und alles in den Einkaufswagen legte, wonach mir war: War das nicht dasselbe? Ist das nicht mitunter das Abgehobenste, was man auf dieser Welt tun kann?

Für mich ist ehrlich gesagt immer noch alles zwischen ständigem Verzicht und exzessivem Konsum eine nicht greifbare, rein statistische Kategorie. Es fällt mir auch schwer, mich selbst einzuordnen. Ab dem Zeitpunkt, an dem ich in Restaurants gehen konnte, ohne mir gleichzeitig Gedanken über meine nächste Miete zu machen, fühlte ich mich reich und lud überschwänglich andere Menschen ein. Erst ein Onlinerechner gab mir Orientierung: Demnach gehöre ich ökonomisch zum unteren Drittel, zur sogenannten unteren Mitte.

Vielleicht fühle ich mich auch deswegen materiell reich, weil ich wenig über das Leben von wirklich Reichen weiß. Ich schaue zwar mit großer Faszination Reality-Shows über Superreiche, aber die sind ja mehr Show als Reality. Was mir bei «Bling Empire» und ähnlichen Sendungen neben der obszönen Zurschaustellung von Luxusgütern hängen bleibt, sind deren Probleme, normalerweise Liebesdinge, Familienstreitigkeiten oder Intrigen im Freundeskreis. Wo kein Gegner ist, da schafft man sich offenbar welche, so wie Shakespeares paranoider Richard III., der irgendwann gegen seine eigenen Geister kämpft. Ist es das, was Reichtum mit einem macht? Mangels existenzieller Probleme ständig seine Beziehungen auf die Probe stellen und übereinander lästern?

Tatsächlich beobachte ich, wie mit der schwindenden Notwendigkeit zu überleben teilweise unangenehm viel Raum für soziale Auseinandersetzungen entsteht. Wer ständig arbeitet, kann nicht alles reflektieren oder ausdiskutieren. Der nimmt vieles einfach hin oder lässt Probleme so lange liegen, bis sie eskalieren. Oder auch nicht.

Ich denke, das überfordert mich am meisten am sogenannten Aufstieg: Man muss aus den vielen Möglichkeiten, die sich auftun, alleine auswählen – und alleine die Verantwortung dafür tragen. Man muss ständig bewusste Entscheidungen treffen. Das ist Privileg und Fluch zugleich. Ich kann einigermaßen damit umgehen, weil ich durch meine vielen Umzüge auch mein Umfeld angepasst und Menschen kennengelernt habe, die sich in ähnlichen Lebenssituationen befinden. Aber für meine Eltern hat sich nur der Kontostand verändert, für alles andere können sie irgendwie keine Kraft aufbringen. Deswegen tun sie weiter so, als wäre zwischen ihrer Ankunft in Deutschland vor über dreißig Jahren und jetzt nichts passiert. Sie frittieren weiterhin Frühlingsrollen und gönnen sich nichts. Keine neue Kleidung, keine Urlaube, keine Restaurantbesuche, keine Statussymbole. Es gibt dieses Haus, aber es floss nie Geld rein, es wurde nie richtig gemütlich. Wir Kinder haben sie mal dazu überredet, ein schönes Auto zu kaufen, einen gebrauchten Audi, aber sie schämen sich dafür und lassen ihn lieber in der Garage stehen. Wir können ihnen noch so oft sagen, dass sie jetzt im Alter endlich mal das Leben genießen sollen, und sie daran erinnern, dass sie es könnten. Dass sie es sich verdient hätten. Dass sie keine Lüftungsschächte mehr putzen müssen. Die Hinweise prallen an ihnen ab.

Ironischerweise sagen sie dasselbe zu mir: Meine Mutter findet, ich hätte zu viel Stress. Wenn sie mich während einer Nachrichtenschicht oder beim nächtlichen Schreiben anrief, sagte sie, ich könne doch nicht am Wochenende oder bis spät nachts arbeiten. Und so zeigen wir mit dem Finger aufeinander und keiner ändert sich.

Dasselbe, merke ich gerade, mache ich auch mit dir, wenn ich dir sage, du sollst dich mit deinen Rückenschmerzen endlich schonen. Und du mit deiner Schwester, wenn du ihr sagst, sie solle sich nach ihrer Ankunft aus einem Kriegsgebiet doch erstmal ausruhen, statt gleich ihre Wohnung umzustellen.

Mit euch beiden habe ich mehr Nachsicht. Mit meinen Eltern und mir, die ihren permanenten Stress auch Jahrzehnte später nicht abschütteln können, nicht so sehr. Es ist einfach nur ernüchternd, dass äußere Umstände die inneren nicht einfach ändern.

Wie geht es dir denn eigentlich jetzt, nachdem Suzan schon über eine Woche hier ist?

Deine Vanessa

***

عزيزتي فانيسا،

nachdem ich vier Jahre in Deutschland war, rief mich einmal ein Angestellter meiner Krankenkasse an, um zu erfahren, ob ich noch am Leben sei, denn ich hatte meine Versicherungskarte kein einziges Mal genutzt und war bei keinem Arzt gewesen. Nicht weil ich wirklich nie krank war, sondern weil ich ungern zu Ärzt:innen gehe. Ich betrachte jedes Unwohlsein als vorübergehend und belanglos, außerdem könnte ich nicht mehr arbeiten, wenn ich mich jeder Befindlichkeit hingeben würde. Dabei musste ich arbeiten – nicht weil ich meine Familie unbedingt unterstützen musste oder sonst nicht überlebt hätte, sondern weil in Syrien jederzeit etwas Schlimmes geschehen konnte und ich darauf vorbereitet sein musste, meiner Familie kurzfristig Geld zu schicken. Zugleich wollte ich mir in Jordanien und Deutschland ein Leben als Schriftsteller aufbauen und nicht nur den nächstbesten Job annehmen, um finanziell über die Runden zu kommen. Nachdem ich meinen Glauben an ein Leben nach dem Tod verloren hatte, musste ich im Hier und Jetzt weitermachen und weiterleben. Was einem Hoffnung gibt, wenn man Krieg und Schrecken erlebt, ist normalerweise, dass es nach dem Tod irgendwie weitergeht. Eine schöne Illusion.

Seit ich dich gefunden habe oder du mich, da sind wir uns ja uneinig ... Sagen wir also, seit wir uns gefunden haben, möchte ich wieder leben. Wir beide haben Angst, die Zeit könnte zu schnell vergehen, weil wir so viel Glück empfinden, was uns dazu bringt, innezuhalten und nicht mehr nur ums *Überleben* zu kämpfen, sondern um zusammen zu *leben*.

Als ich neulich so starke Rückenschmerzen hatte, ging ich dann doch zum ersten Mal zum Arzt. Was mir Angst machte, war, dass die Ärzt:innen zunächst nicht wussten, woher die Schmerzen rührten. Ich hasste es, den Grund nicht zu wissen. Als ich dann gestern mit den MRT-Aufnahmen zur Ärztin ging und sie mir sagte, ich hätte einen Bandscheibenvorfall, war ich richtig froh. Dich hat das verwundert. Mir war es nur wichtig zu wissen, was ich habe. Wenn man das weiß, findet man einen Weg, weiterzumachen. Zwar ist es frustrierend zu wissen, dass ich wochenlang Rückenschmerzen haben werde, aber es war auch lustig, als ich dir sagte, das komme alles daher, dass ich, seit ich mit dir zusammen bin, nicht mehr permanent ans Arbeiten denke und meinem Körper zu viele Pausen gewährt hätte. Unsere Beziehung war von großer psychischer Belastung geprägt, weil wir anfangs so viele Probleme lösen mussten, aber wir haben auch großes Glück erlebt. Du hast mir lachend zugestimmt, dass mir der Rücken wahrscheinlich nur wehtut, weil ich mich habe gehen lassen. Aber vielleicht ist das auch ein Zeichen dafür, dass ich nicht mehr so weitermachen sollte wie bisher, denn das wäre gleichbedeutend mit einem frühen Tod. Zwar kann ich jetzt kaum nachdenken, aber wir haben den Schmerz früh genug behandelt, bevor er zu einem Monster wurde, das mich ganz auffrisst.

Als meine Schmerzen vor zwei Wochen am schlimmsten waren, wir aber noch nicht wussten, woher sie kamen, wurde ich für eine Broschüre über verschiedene Flüchtlingsgenerationen angefragt, ob ich eines meiner Gedichte beisteuern könnte. Ich wählte eins aus meinem letzten Buch, das mir passend erschien. Als du es gelesen hast, hast du belustigt festgestellt, dass es in diesem Text auch um meinen Rücken ging! Die Metapher war die, dass ich alle meine Wege überallhin auf meinem Rücken trage. Es war einer der wenigen Texte, in denen ich von mir selbst und meinen Erinnerungen schrieb. Du hast beim Lesen gelacht, während ich schmerzverkrümmt dalag. Ich mag es, wenn wir trotz unseres Schmerzes lachen.

Ich mag es, dass wir lebenshungrig sind. Ich hänge dir den Text noch einmal ans Ende dieses Briefes an.

Einen Tag vor der Ankunft von Suzan war ich bei einem anderen Arzt; es ging um meinen Fruchtbarkeitstest. Ich hatte Sorge wegen einer Mumpserkrankung in meiner Jugend. Zwar maß ich ihr eigentlich keine Wichtigkeit bei und wollte nie wissen, ob ich Vater werden könnte oder nicht, und ohnehin wollte ich aus vielerlei Gründen nie Kinder bekommen, wie viele andere Menschen, die nicht mehr an diese Welt glauben. Aber mit dir wollte ich plötzlich ganz egoistisch und dringend Kinder haben! Vielleicht aus der Vorstellung heraus, dass wir uns als Familie der Grässlichkeit dieser Welt entgegenstellen oder uns zumindest vor ihr erretten könnten. Außerdem wären wir bestimmt sehr liebe Eltern. Das Testergebnis bestätigte, wie du weißt, meinen Verdacht, dass meine Wahrscheinlichkeit, Vater zu werden, sehr gering ist. Wir hatten Gäste zu Hause, als ich es dir sagte, deshalb konnten wir nicht weiter darüber sprechen. Erst, als wir schlafen gingen, sagtest du mir wie im Film, dass dir das Leben mit mir wichtiger sei als alles andere, dass wir ja ohnehin eigentlich keine Kinder in die Welt setzen wollten und dass wir doch ein glückliches Leben hätten. Mehr redeten wir nicht darüber. Wolltest du dem Thema ausweichen? Am nächsten Tag kam auch schon meine Schwester, und wir wollten ihr nicht gleich mit schlechten Nachrichten kommen, schließlich war sie ganz neu in Deutschland und kam mitten im Winter nach Berlin. Berlin ist im Winter so schrecklich, und zugleich so schön in der Weihnachtszeit! Aber wenn du dich vor etwas drückst, möchte ich umso mehr von dir darüber hören. Dieser Briefwechsel bietet uns die Möglichkeit, uns vorbehaltlos den schmerzlichsten Dingen zu öffnen, ob sie mit Erinnerungen, der Gegenwart oder der

Zukunft zu tun haben. Und hier geht es um eine uns unbekannte Zukunft. Also lass mich mehr darüber hören!

Mir scheint, dass ich deinen Fragen nach meiner Schwester ausweiche, obwohl wir offen miteinander sein und unsere Gedanken und Gefühle nicht verstecken wollen. Aber irgendwie scheint mir, dass mir da noch nicht alles klar ist, und das verunsichert mich. Wenn ich sage, ich brauche Klarheit, um weiterleben zu können, heißt das nicht, dass ich Antworten auf alle Fragen des Lebens brauche. Nur auf die Dinge, die meinen Körper und meine materielle Existenz betreffen. Deswegen ist es mir auch so wichtig, einen gültigen Pass zu haben. Nur wenige Tage, nachdem ich alle Voraussetzungen erfüllte, schrieb ich dem Berliner Bezirksamt, dass ich mich zum nächstmöglichen Zeitpunkt einbürgern lassen wollte. Gestern bekam ich eine Antwort per E-Mail. In acht Monaten würde man mit mir am Telefon darüber sprechen, an einem Dienstag um 9 Uhr! Es war eine kuriose Mischung aus deutscher Gründlichkeit und lähmender Bürokratie.

Ach ja, meine Schwester! Da gäbe es viel zu sagen, aber ich brauche ein wenig Zeit. Nicht weil ihre Ankunft mich emotional gemacht hätte, überhaupt nicht! Aber dass Suzan jetzt auch in Deutschland ist, holt die Gedanken an meine Familie aus meinen Erinnerungen in die Gegenwart. Das hilft, meine Gefühle so zu ordnen, dass ich meiner Familie und mir selbst dabei helfen kann, weiterzuleben. Ich kann meine Schwester jetzt spüren, sie umarmen und sehen, wie sie sich in den vergangenen zehn Jahren verändert hat. Sie erzählt mir, wie es unseren Eltern in Syrien geht, dass es dort kaum Strom und zu wenig zu essen gebe, dass sie nicht heizen können und wie schwierig es sei, Medikamente zu bekommen. Psychische Erkrankungen und Familienstreit. Von alldem hatte ich schon übers Telefon gehört, aber bisher waren es immer nur Geschichten, die ich auch in einem Buch hätte lesen können. Jetzt sind es plötzlich Tatsachen, und die rauben mir den Schlaf.

Ich muss mich mit einer Vergangenheit auseinandersetzen, die plötzlich in Fleisch und Blut vor mir steht, aber auch mit einer Zukunft in Bezug auf Elternschaft und Krankheit. Dazwischen gibt es immer nur kurze Pausen, in denen wir unser Leben leben, das wir so lieben.

Die Straßen auf meinem Rücken[13]

Aus den vielen Wohnungen, die ich verloren habe, sind mir nur die Rückenschmerzen geblieben. Neue Matratzen lohnten sich nie, so bekam ich stattdessen neue Schmerzen. Mit jedem Schlafplatz verlor ich auch Nagelknipser, Papiere, leere Dosen, verdorbenes Essen und meine alten Lieblingsklamotten. Mit jedem neuen Bett kam ein neuer Gott, der die Fremden um mich herum beherrschte. Irgendwann verlor ich auch meine Neugier auf die neuen Götter. Sie kennenzulernen wurde genauso interessant wie die Bekanntschaft mit einem Fahrkartenkontrolleur. Immer wieder nehme ich mir vor, meinen alten, wertvollen Schlüsselanhänger für eine Wohnung zu benutzen, die mir gefällt. Doch dann finde ich den neuen Schlüsselanhänger aus Plastik schön genug und gebe den Schlüssel zurück, wie er war. Mit jeder neuen Wohnung lerne ich die Sprache der neuen Türen und verliere meine Stimme. Ich entdecke eine neue Angst und freue mich über sie. Mit jeder neuen Sprache überwinde ich auch diese Angst und hege neue Träume und Erwartungen. Bis ich auch sie wieder an eine neue Angst verliere, die mich auf die folgenden Jahre vorbereitet.

Die Wege, auf denen ich lief, zogen mich groß. Resigniert trug ich sie auf meinem Rücken, wo sie alt wurden. Ich gehe durch mein Leben mit erhobenem Kopf und krummem Rücken.

Ich rettete viele Straßen, indem ich sie mitnahm
Rettete sie vor Beschuss
vor neuen Besitzern
vor Wahlplakaten

Die Wege, auf denen ich nicht gelaufen bin, als ich es hätte tun sollen, spüre ich wie Pressluftbohrer, die auf meinen Rücken hämmern, um die Städte zu wecken. Mit ihren Fahrzeugen, ihren Menschen, ihren Verkäufern. Mit all dem Streit der Nachbarn und der Eltern. Mit dem Weinen der Mütter um ihre Söhne, die am Telefon einen Scherz über die Frauen des neuen Landes machen.
Die Wege lehrten mich, in der Nacht schneller und gegen die Fahrtrichtung zu laufen.
Sie brachten mir unvollständige Lieder bei … ich hörte ein paar Takte aus einem vorbeifahrenden Auto, die ich dann sang, bis aus einem anderen Wagen wieder etwas anderes erklang. Kein einziges Lied beherrsche ich ganz.
Ich wuchs auf, ohne mir Namen zu merken, Buchtitel, Namen von Schauspielern, Weggefährten. Dafür prägte ich mir den Geruch jeder Hand ein, die meine berührte. Die Hand des Freundes, die Hand der Geliebten, die Hand des Liedes, des Wortes, der Stadt, die Hand Gottes.

Die Erinnerung liegt in meiner Hand
Immer, wenn ich eine Hand suche
spüre ich in meine hinein, bis ich die andere riechen
und mir ihren Weg auf den Rücken laden kann

Ich laufe
mit den Straßen auf meinem Rücken und der Erinnerung in meiner Hand

***

Lieber Ahmad,

gestern habe ich mich bei Frau F. erkundigt, wie lange das Einbürgerungsverfahren in Pfarrkirchen aktuell dauert. Frau F. ist die Mutter einer alten Schulfreundin und dieselbe Frau, die vor über zehn Jahren auch meinen Einbürgerungsantrag bearbeitet hatte, eine recht unscheinbare, freundliche Gestalt mit ruhiger Stimme. Ich war verwundert, dass sie immer noch für Einbürgerungen zuständig ist, wahrscheinlich arbeitet sie noch in demselben Büro, hinter derselben hellen, glatten Theke, die mir bis an die Brust reichte, darauf ein Kugelschreiber mit Halterung. Jeden Tag schieben ihr Menschen Dokumente rüber und sie schiebt Dokumente zurück, vertröstet, erklärt, stempelt, unterschreibt. Ich muss an das Wort «Sachbearbeiterin» denken, wie kühl es mit seiner Betonung auf Sachen ist, und wie aktiv es mit dem Verb bearbeiten wirkt, wo es doch in Wahrheit eine der lähmendsten Angelegenheiten überhaupt ist, das zähe Ende einer oft jahre- oder jahrzehntelangen existenziellen Unsicherheit. Ob man als Sachbearbeiterin noch Menschen sieht oder nur Sachen? Ob man vielleicht eher Sachen sehen muss als Menschen, um nicht am ständigen Aussortieren zu verzweifeln?

Frau F. hat mich jedenfalls beglückwünscht, als mein Antrag 2011 nach über zwei Jahren endlich durchging, und eine andere Frau überreichte mir die Einbürgerungsurkunde zusammen mit Geschenken: Es gab einen Regenschirm und das Grundgesetz mit bayerischer Verfassung. Ich glaube, wir standen bei der Übergabe und es wurden Hände geschüttelt. Es ging alles sehr schnell und fühlte sich seltsam an. Nach fast zwanzig Jahren, in denen ich ausschließlich in diesem Land gelebt habe, wurde ich als Bürgerin willkommen geheißen. In meiner Überforderung darüber sagte ich, was ich immer sage, weil ich es so gelernt habe und weil es alle hören wollen: «Danke.»

Dann habe ich meinen Vornamen ändern lassen und nie wieder über diesen Tag nachgedacht. Deswegen war es, als ich die Urkunde vor einigen Tagen beim Aufräumen wiederfand, als würde ich sie das erste Mal sehen. Ich konnte gar nicht wegsehen, so sehr faszinierte mich dieses hellgrüne Blatt Papier. Ich las die wenigen Zeilen darauf wieder und wieder und habe die Urkunde auch für diesen Brief herausgekramt: Sie ist auf den 20.04.2011 datiert, ausgehändigt wurde sie laut einem Stempel weiter unten aber erst einige Tage darauf, am 26. April 2011. Das Dokument, das neunzehn Jahre und fünf Monate des Wartens beendete. Das mir erlaubte, hier zu sein, hier zu leben, mit denselben Rechten und Pflichten der Menschen, die mich misstrauisch beäugten.

Ich glaube, so richtig verstehe ich die Tragweite dieses Dokuments erst jetzt langsam. Damals nahm ich die Urkunde verwirrt entgegen und vergrub meine Gefühle. Nun staune ich selbst, dass mir Tränen über die Wangen laufen.

Weißt du noch, wie wir am Anfang unserer Beziehung unser Glück nicht fassen konnten? Wie surreal sich unsere Leichtigkeit anfühlte? Wie wir immer darüber gewitzelt haben, dass die Rechnung dafür schon noch kommen würde? Dass das Leben unmöglich so gut sein kann? Eines Abends hast du mich zur Seite genommen und gesagt: «Wir haben uns das Glück verdient.» Wir sahen einander an und sahen weg und schwiegen.

Ahmad. Ich möchte eine Familie mit dir gründen. Zu zweit, vielleicht auch zu dritt oder viert. Ja, ich, die diese Frauen nicht verstand, die ihre hart erarbeitete Karriere für Kinder unterbrachen oder gar beendeten, die ihre Freiheiten und Hobbys und Talente und Interessen aufgaben. Ich blickte immer mitleidig auf die einsamen und erschöpften Mütter am Sandkasten, hörte mir im Treppenhaus kopfschüttelnd die Streitereien über Kinderbetreuung an, las Artikel über verzweifelte Frauen, die sich monate- und jahrelang Hormonspritzen gaben, um sich dann operativ Eierstöcke entnehmen zu lassen. Ich verdrehte insgeheim die Augen, wenn es im Freundeskreis oder im Büro wieder um Kindergeburtstage oder Lernfortschritte ging (natürlich stellte ich höfliche Nachfragen). Ich konnte mir dieses Leben einfach nicht vorstellen, nicht für mich. Ich sah in Kindern nur Stress, fremdbestimmte Termine, stapelweise Anträge, chronischen Schlafmangel, ein Armutsrisiko. Wenn ich an Babys dachte, dann dachte ich an Rotz und Spucke. Es ergab für mich einfach keinen Sinn und so fragte ich eines Morgens beim Hotelfrühstück unverhofft eine mir gegenübersitzende Schriftstellerin, die ich erst tags zuvor auf einer Veranstaltung kennenlernte, ob sie das verstehe: den Druck vieler Frauen ab dreißig, Kinder zu bekommen. Sie klapperte mit ihrem Löffel in ihrer Kaffeetasse und sagte mit rauchiger Stimme und dunklen Augenringen: Nun ja, sie habe es lange nicht verstanden, aber gerade fühle auch sie den Wunsch, sie habe aber keinen Partner. Es sei etwas Körperliches, fuhr sie fort. Sie reagiere plötzlich anders auf Kindergeschrei: nicht mehr genervt, sondern neidisch. Ich saugte diese Worte auf, als hätte sie mir von einem neuen Planeten erzählt.

Und nun erkenne ich mich selbst nicht wieder. Ich spüre nach wie vor keinen Druck, Mutter zu werden, aber ich stelle es mir schön vor. Ich stelle mir vor, wie wir ein kleines Geschöpf in unseren Händen halten, dem wir unsere Geschichten erzählen und unsere Sprachen beibringen. Es ist ein völlig irrationaler und egoistischer Wunsch, mich und dich in einem neuen Wesen fortzuschreiben. Aber als ich diese Einbürgerungsurkunde wieder in der Hand hielt, wurde mir etwas klar: Ich bin endlich bereit, meine Körperlosigkeit hinter mir zu lassen und mein Da-sein-Dürfen zu fühlen.

Ja, ich möchte auf eine Weise sein, die ich mir vorher nicht erlaubt hatte. Ich möchte diese Welt nicht mehr nur durch meinen Verstand erfassen, sondern durch meinen Körper, durch meine Sinne. Ich möchte nicht mehr so leben, dass ich jederzeit weiterziehen kann, sondern ich möchte bleiben. Ich möchte bleiben und etwas Bleibendes hinterlassen. Ich war immer stolz auf meine Gedanken und Worte, ich wollte gar nicht mehr sein als das. Ich durfte lange Zeit aber auch gar nicht mehr sein. Diese Füße, die sich gerade in einen Teppich graben, sie sollten niemals über diesen Boden laufen, niemals die ganzen Wege beschreiten, die sie beschritten haben, niemals die ganzen Räume betreten, die sie für sich eingenommen haben. Dieser Körper, mein Körper, sollte niemals diese Luft hier atmen, aber Luft kann man einem Menschen schwer nehmen, also nimmt man ihm Rechte, man macht ihm Angst, man hält ihn klein und leise. Aber hier bin ich. Ich atme, und ich bin so glücklich. Ich liebe, ich fühle Liebe, deine Liebe, und ich gebe Liebe und will sie in immer neue Formen gießen.

Dass ich jetzt anders fühle, dass ich überhaupt fühle, dass

ich für so vieles andere Menschliche bereit bin, dass ich das tun will, was nur lebendige Menschen können – nämlich weiteres Leben zu schaffen –, das bedeutet mir mehr, als was auch immer ein Schwangerschaftstest ergeben würde. Die Bereitschaft, eine Familie zu gründen, kommt bei mir mit der Gewissheit, ein Mensch sein zu dürfen. Ich will nicht Mutter werden, um ein Mensch zu werden. Ich kann mir vorstellen, Mutter zu werden, weil ich ein Mensch geworden bin. Das Glück, das ich über diese Entwicklung empfinde, überstrahlt alles.

Unser Leben ist so schön, es ist voller Möglichkeiten. Mir ist egal, ob wir sie uns verdient haben oder ob sie sich zufällig ergeben haben. Ich will alles Schöne mit dir genießen und alles Hässliche mit dir überstehen. Ich will meine Hand in deine legen und sehen, wie weit wir kommen. Ich sage das nicht, um dich zu trösten. Ich fühle das mit derselben Gewissheit, mit der ich mich für dich entschied.

Frau F. hat mir inzwischen übrigens geantwortet: Von der Prüfung der Anfrage bis zur Aushändigung der Einbürgerungsurkunde vergeht aktuell durchschnittlich ein Jahr. Auf dem Land geht es offenbar nicht sehr viel schneller als in der Stadt. Ich wünschte, ich hätte bessere Nachrichten für dich. Ich wünschte, ich könnte mehr tun, als dich zu umarmen und mit dir zu warten. Gleichzeitig mache ich auch nichts lieber, als Zeit in deinen Armen verstreichen zu lassen.

Wie geht es dir inzwischen mit deinen Schmerzen? Ich glaube dir nicht, dass du die Bandscheiben-Diagnose so leichtnimmst, wie du schreibst.

Vanessa

***

immer wenn ich daran denke, dass ich reglos im Bett liegen soll, muss ich an meinen Großvater denken. Ich weiß nicht, warum, aber ich erinnere mich nicht gern an ihn, obwohl wir uns sehr nahestanden. Er liebte mich irgendwie mehr als seine eigenen Kinder und seine übrigen fünfunddreißig Enkel.

Als ich zur Welt kam, arbeitete mein Vater am Arabischen Golf, und so war es mein Großvater, der mir meinen Namen gab – er benannte mich nach ihm. Wir lebten im selben Haus und er liebte mich, wie kein anderer Mensch mich liebte, und selbst als ich mit meiner Mutter und meinen Geschwistern zwei Jahre bei meinem Vater in den Emiraten lebte, schickte mir mein Großvater meine Lieblingssüßigkeiten. Als wir nach Damaskus zurückzogen, wohnten wir weiter weg von ihm, aber ich fuhr alle paar Tage zu ihm. Als ich elf Jahre alt war, zog mein Großvater noch einmal um, und jetzt musste ich zweimal in einen anderen Bus umsteigen und dann noch ein ganzes Stück laufen, um ihn zu besuchen, aber ich besuchte ihn gern an jedem Wochenende. Mein Vater hatte nichts dagegen, er war sogar froh, dass ich ihn als Besucher vertrat, aber das sollte später auf mich zurückfallen. Denn als mein Großvater von einer Pilgerfahrt nach Mekka zurückkam, musste er wegen einer Gangrän im Fuß sofort ins Krankenhaus. Dort amputierte man ihm ein Bein, und wegen seines Diabetes baute er immer schneller ab. In den letzten fünf Jahren seines Lebens wurde er immer kränker und war, bevor er starb, fast vollständig gelähmt.

Während seiner Krankheit war ich sein einziger Begleiter. Es war beinahe so, als müsste ich für die Liebe, die er mir gegeben hatte, bezahlen. Mein Vater drängte mich dazu, meine Sommerferien bei seinem Vater zu verbringen. Er wohnte in einer Anlage für verrentete Militärangestellte, die auf ihren Tod warteten – keine verlockende Umgebung. Ein Gebäude sah aus wie das andere, und immer wieder verirrte ich mich dort. Ich weiß noch, wie ich mit meiner Großmutter in einem kleinen Laden saß, der zum Garten hin an das Gebäude angrenzte.

Ich war neidisch auf meine Geschwister, die zu Hause bleiben durften und die mein Vater auf Ausflüge mitnahm, während ich mir bei meinen Großeltern die Zeit totschlug. Das vertiefte den Graben zwischen meinem Vater und mir. Diese endlosen langweiligen Stunden, die ich allein mit meinen Gedanken und dem Lesen alter Zeitungen verbrachte, die meine Großmutter im Kilo kaufte, um damit Fenster zu putzen oder Waren einzupacken! Dazu putzte ich die Wohnung und goss die Pflanzen. An den Abenden stützte ich meinen Großvater und wir gingen hinunter in die Grünanlage, wo er anderen seine Heldengeschichten aus der Armee und von irgendwelchen Frauen erzählte. Meine Großmutter störte sich anscheinend überhaupt nicht daran. An einem heißen Tag besuchte uns einmal die Nachbarin von oben, und mein Großvater starrte auf das weit ausgeschnittene Dekolleté ihres leichten Sommerkleids. Er kann kaum noch sprechen und sich nicht bewegen, dachte ich, aber seine Augen folgen noch immer seiner Lust. Er mochte den Geruch von Basilikum sehr und bat mich immer wieder, an den Blättern der Pflanze zu reiben, damit es nach Basilikum roch.

Mein Großvater starb langsam vor meinen Augen. Ich schreibe das jetzt in Kurzform, weil ich noch immer das Gefühl habe, dass ich von meinen Erinnerungen an ihn nicht sprechen kann, denn das alles hat dazu geführt, dass ich meiner Familie nach seinem Tod entfremdet war. Ich hasste mich auch selbst, weil ich jeden Sommer in dieser öden Wohnanlage verbringen musste. Alle meine Onkel und Tanten und die Enkel hielten mich für den Besten der ganzen Familie, weil ich mich um meinen Großvater gekümmert hatte, aber niemand hat mich je gefragt, ob ich das überhaupt wollte.

Der Grund, dass ich dir jetzt ein wenig von meinem Großvater berichte, liegt in meinem gegenwärtigen Zustand, der mich an ihn erinnert. Immerzu kam er mit seinen Heldengeschichten, auch wenn er nicht alleine stehen oder pinkeln konnte. Er trug ein Gebiss und eine Beinprothese und war dünn wie eine Stange, aber selbst kurz vor seinem Tod wollte er noch seine Kraft beweisen. Und weil ich jetzt so hilflos daliege, fürchte ich, auch so zu enden. Ich habe keine Angst vor dem Tod, aber vor der Hilflosigkeit und davor, dass du mich dabei erleben könntest, wenn auch nur vorübergehend. Mein Großvater stand mir zwar näher als alle anderen, aber manchmal dachte ich auch, dass ich ihn nicht auf seiner langen Reise in den Tod begleiten möchte. Als er starb, war ich etwa fünfzehn. Ich stand auf der Trauerfeier neben den Dorfältesten, nahm die Beileidswünsche entgegen und schenkte drei Tage lang, der Sitte entsprechend, bitteren Kaffee an die Trauergäste aus. Die Familie übertrug mir diese Ehre, wohl weil ich mich am meisten um den Verstorbenen gekümmert hatte, vielleicht aber auch, weil ich all ihre Geheimnisse für mich behalten konnte. Wenn sie ihn besucht hatten, hatten sie schrecklich übereinander gelästert, und ich hatte alles mitangehört. Ich begrub alles zusammen mit meinem Großvater, und jetzt buddle ich zum ersten Mal in seinem Grab …

Als er am Ende fast gelähmt war, kaufte mein Vater ihm eine Wohnung in unserer Nähe, damit die ganze Familie sich um ihn kümmern konnte. Das fand ich sehr nett von ihm und ich sagte mir, dass wir uns beide vielleicht gar nicht hassen müssten, sondern nur unterschiedliche Ansichten vom Leben hatten. Aber als meine Großeltern dort eingezogen waren, starben all die Pflanzen, um die ich mich jahrelang in der Wohnanlage gekümmert hatte. Seitdem hasse ich Pflanzen und Blumen und mag nur noch Bäume.

Du hattest bisher nicht verstanden, warum ich keine Pflanzen mag. Zumindest hatte ich eingewilligt, dass wir auf unserem Balkon ein paar wachsen lassen. Die mag ich jetzt, aber sie machen mir auch Angst.

Dein Ahmad

***

Lieber Ahmad,

danke, dass du diese Erinnerungen an deinen Großvater mit mir teilst. Für mich macht eure Beziehung nachvollziehbarer, warum du ein so extrem unabhängiger Mensch bist und warum dir diese Unabhängigkeit so wichtig ist.

Aber du musst keine Angst davor haben, vor mir hilflos zu sein. Im Gegenteil – bitte bleib trotz dieser Angst bei mir. Ich weiß nicht, wie es ist, einen Menschen an sein Lebensende zu begleiten, aber als ich klein war, hatte auch mein Vater einen schweren Bandscheibenvorfall. Über zwanzig Jahre muss das her sein, er musste sich letztlich operieren lassen, machte eine monatelange Reha und war auf Kur. Die körperliche Verletzung konnte die Medizin einigermaßen heilen, dafür blieben andere Wunden.

Du hast meinen Vater leider nur als störrischen, einsamen Menschen kennengelernt, der Veränderungen ablehnt, aber er war nicht sein Leben lang so. Auch nicht, als sein Rücken zu schmerzen begann. Für uns Kinder war sein Ausfall zunächst sogar eine sehr schöne Zeit: Plötzlich war mein Vater immer zu Hause. Er schmierte uns morgens Pausenbrote und flocht unsere Haare. Nie zuvor hatte ich ein Elternteil, der einfach da war.

Doch die neue Familienordnung hatte ihren Preis. Mein Vater wurde vom stolzen Arbeiter zum gebrochenen Mann. Vom gleichberechtigten Ehemann zum abhängigen Partner. Vom aufstrebenden Nachbarn zu einem, den man im besten Fall bemitleidete. Immer wieder hatte er Rückfälle, die eine körperliche Arbeit fast unmöglich machten, aber eine andere Arbeit durfte er nie lernen. Wir brauchten ihn, aber für diese gnadenlose Gesellschaft wurde er unbrauchbar.

Ständig war jetzt vom Bandscheibenvorfall die Rede. Meine Eltern kennen nicht viele deutsche Wörter, aber dieses fiel nun in jedem Gespräch, als Synonym für Entschuldigung. Sie sagten es mal schulterzuckend, mal kopfschüttelnd, mal verdruckst. Entschuldigung, dass wir keine besseren Ausländer sind. Entschuldigung, dass wir nicht härter arbeiten, schöner wohnen, den Kindern nicht mehr bieten, den Deutschen nicht mehr zurückgeben. Dass es nicht richtig weiter geht. «Bandscheibenvorfall» wurde unser Aufenthaltsstatus.

Mein Vater kompensierte seine Schwachstelle im Rücken mit längeren Arbeitszeiten, meine Mutter mit mindestens genauso viel Arbeit. Bis heute gehen sie nur zum Duschen und Schlafen nach Hause. Ich denke, die Zeit, in der mein Vater nicht mehr arbeiten konnte, hängt jedem von uns auf die eine oder andere Weise bis heute nach. Vor allem machen Absturzängste aber einsam. Ich kann mich an kein einziges Mal erinnern, dass wir als Familie nochmal darüber geredet haben.

Ich möchte nicht, dass du dich aus der Hilflosigkeit in die Einsamkeit zurückziehst. Dass wir uns verlieren, weil du dich schwach fühlst. Deinen Großvater finde ich dafür ein sehr schönes Vorbild. Vielleicht ist es unangebracht und es kann durchaus ungesunde Züge annehmen, aber ich finde es grundsätzlich inspirierend, wenn man trotz offensichtlicher Schwächen an seine Stärken glaubt und sich an der Lebenslust festklammert.

Habe ich dir je erzählt, wie mein Großvater starb? Als er hundert wurde, lud er alle Verwandten zu sich ein. Obwohl er sehr darum bat, konnten wir leider nicht vollzählig anreisen, weil an seinem Geburtstag keine Ferien waren. Nur mein Vater flog also nach Vietnam. Mein Großvater hatte kaum noch Zähne, aber konnte mit einem Gehstock spazieren, sich selbst waschen und war gut drauf. Die Verwandten bereiteten ihm eine riesige Feier. Wie sich bald herausstellte, war es eine Abschiedsfeier. Wenige Wochen später stürzte er, wurde bettlägerig und weigerte sich zu essen. Er wollte gehen und ging. Jene, die ihm nahestanden, fanden sein schnelles Ende natürlich tragisch. Ich würde ihm am liebsten zuzwinkern, weil er es geschafft hat, bis zuletzt selbstbestimmt zu leben.

Deine Vanessa

Kopfhörer, um den Tod zu dämpfen
Januar 2023

عزيزتي فانيسا،

als ich heute aufstand, beschloss ich, mich an den Schreibtisch zu setzen, auf den Stuhl, auf dem ich sechs Wochen lang nicht sitzen konnte. Ich war so naiv glücklich, nicht mehr im Liegen, sondern wieder im Sitzen zu arbeiten, obwohl das Sitzen mir die Rückenprobleme überhaupt erst bereitet hat.

Ich habe dir lange nicht geschrieben. Es war schmerzlich, den Briefwechsel fortzuführen, während wir im Streit miteinander waren. Erlaube mir, deine letzten Briefe zu übergehen und einen meiner vorigen Briefe fortzuführen. Ich kann jetzt nämlich mehr darüber sprechen, was die Ankunft meiner Schwester in Deutschland mit mir gemacht hat.

Sie zu sehen, hat mir gezeigt, dass ich eine Wand zwischen mir und meinen Erinnerungen und meiner in Syrien gebliebenen Familie gebaut hatte. Sie diente mir dazu, all die schlimmen Nachrichten, die aus Syrien kamen, beiseitezuräumen wie ein Soldat, der nicht nachdenken soll, wenn er handeln muss. Die Konfrontation mit dem, was für mich Erinnerung war und nun in Gestalt meiner Schwester wieder Realität geworden ist, machte mich wütend, traurig und warf mich aus der Bahn, weil mir damit eine Stabilität abhandenkam, die ich auf Instabilitäten gebaut hatte. Ich war auf mich selbst zurückgeworfen und befand mich in einer Falle. Man erzählt sich für gewöhnlich Geschichten, die lange her sind und uns nicht mehr bedrücken, so können wir sie immer weiter reproduzieren. Aber bei mir sind die alten Geschichten nun doch nicht vorbei. Zehn Jahre Abwesenheit vom eigenen Land mit all den Überlebenskämpfen in dieser Zeit haben es mir unmöglich gemacht, in meine alte Welt zurückzukehren, die zur Fantasie wurde. Ja, meine Familie lebt noch dort, ich bin in Kontakt mit ihr und man unterstützt sich noch gegenseitig. Es war ein ähnlich abstrakter Umgang wie mit Büchern, die einem mal gefallen und weitergeholfen haben oder auch nicht. All das war in dem Moment vorbei, an dem ich am Flughafen meine Schwester sah und sie mich mit dem Spitznamen rief, den ich früher in der Familie hatte: «Hammude!» Seit ich weggegangen war, hatten sie mich nur noch Ahmad genannt. Auch ich rief ihr «Susu» zu statt Suzan, aber das war mir gar nicht bewusst. Erst du hast mich darauf aufmerksam gemacht.

Als ich Suzan sah, roch ich wieder das noch warme Blut von Toten, die ich gekannt hatte und die in den Straßen im Süden Syriens verbluteten. Tote, die die Opposition fleißig zählte, um im Ausland Mitleid zu erregen, und die das Regime zählte, um sich einen Sieg vorzugaukeln. Auf dem Weg vom Flughafen nach Hause bekam ich Atemnot. Ich hätte mit meiner Schwester und ihrem Mann witzeln und singen können, aber der Blutgeruch in meiner Nase war zu stark. Als wir in unserer Wohnung ankamen und ein paar Geschichten und Höflichkeiten ausgetauscht hatten, um es uns angenehmer zu machen, entschuldigte ich mich und sagte, ich müsse mich wegen meines Rückens kurz hinlegen. Es war aber nur ein Vorwand, damit ich für ein paar Minuten allein sein konnte, um die Erinnerungen an das Blut loszuwerden. Es gelang mir nicht, ich gab auf und bemühte mich, trotz des Todesgeruchs wieder auf die Beine zu kommen. Ich versuchte, die Bilder zu sortieren, die mich innerlich ansprangen und gesehen werden wollten und die mich an all die Verbrechen erinnerten, die wir im Krieg gesehen hatten. Man kommt davon nicht los. Nachts, als alle schliefen, dachte ich an etwas, das ich versucht hatte abzublocken.

Damals im April war unsere Beziehung noch ganz frisch. Ich war mit einer langweiligen Recherche beschäftigt. Um mich abzulenken, schaute ich kurz auf Facebook. Ganz oben hatte jemand einen *Guardian*-Artikel verlinkt: «Massaker in Tadamon»[14], einem Stadtviertel von Damaskus, in dem ich einmal gelebt habe. Es gab Bilder und Videos von einer Hinrichtung von Schergen des Regimes gegen Gefangene in einer Straße, in der das Regime zuvor alle Häuser zerstört hatte, ganz in der Nähe der Othman-Moschee, an die ich viele Erinnerungen habe, die ich dir vielleicht zum Teil schon erzählt habe und die ich vielleicht noch mit dir teilen werde, auch wenn Erinnerungen uns zuweilen leer machen. Aber immerhin haben sie mich zu dir geführt, das sage ich mir, um das Grauen in mir zu besänftigen, während ich mich voller Zorn erinnere.

Ich kann dir das Massaker nicht in trockenen Worten zusammenfassen, das kann Wikipedia viel besser. Auf der arabischsprachigen Seite heißt es (frei übersetzt): «Am 27. April 2022 veröffentlichte die britische Zeitung *The Guardian* eine Recherche, in der sie sich mit allen Details des Massakers befasste. Es ereignete sich am 16. April 2013, als Soldaten des syrischen Regimes in der Nähe der Othman-Moschee im Stadtteil Tadamon 41 Menschen hinrichteten, indem sie sie in eine dafür vorbereitete Grube an einer unbewohnten Straße warfen. Nachdem sie nacheinander auf die Opfer geschossen hatten, setzten die Soldaten die Leichen der Opfer in Brand, indem sie Reifen verbrannten, die auf dem Boden der Grube platziert worden waren. Das Massaker fand an nur einem Tag statt, Soldaten filmten alle Details, und der *Guardian* veröffentlichte mehrere Auszüge davon in seinem Bericht. Während der Hinrichtungen wurden den Opfern die Augen mit Klebeband oder Plastikfolie verbunden, ihre Hände wurden mit Kabelbindern gefesselt.»[15]

Als ich davon las, konnte ich die Nachricht nicht wie so viele andere ignorieren, um mich auf meine Arbeit zu konzentrieren. Ich muss mein Pensum abarbeiten und mich an Abgabetermine halten, damit die deutsche Gesellschaft zufrieden mit mir ist und ich sowie im Zweifel auch meine Familie weiterleben können. Manche Opfer dieses Massakers aber habe ich wahrscheinlich gekannt oder zumindest einmal auf der Straße getroffen. Bei einem von ihnen war ich einmal zu Hause, um Vorhänge anzubringen. Und ich befürchtete, dass auch mein Onkel und mein Cousin unter den Toten sein könnten. Der Bruder meines Vaters und sein Sohn sind schon seit vielen Jahren verschwunden, und niemand weiß, ob sie getötet oder verhaftet wurden. Wir hatten schon viele Polizisten und Offiziere bestochen, damit sie uns etwas über sie mitteilen, aber meistens log man uns an. Die Frau meines Onkels hat die Hoffnung verloren, dass ihr Mann und ihr Sohn noch am Leben sind. Der *Guardian*-Bericht erschreckte mich, und ich konnte nicht anders, als mir all die Videos anzusehen, in denen Leute erschossen und in eine Grube geworfen werden. Ich versuchte zu erkennen, ob einer davon so aussah wie mein Onkel und mein Cousin, konnte sie aber nicht entdecken.

Ich rief dich damals zu mir, du warst nebenan im Schlafzimmer. Ich nahm dich auf den Schoß und bat dich, den

Bericht selbst zu lesen, denn ich war nicht in der Lage, dir davon zu erzählen. Ich zitterte. Aber nachdem ich dich lange umarmt hatte, konnte ich die Bilder wieder hinter mir lassen, ohne meine Wut herauszulassen.

Als wir nun alle nach Suzans Ankunft ins Bett gegangen waren, erlaubte ich mir zum ersten Mal, wieder an dieses Verbrechen zu denken, auch weil ich das Gefühl hatte, dass ich mich selbst und mein Land verrate, wenn ich es mir erlaube, es zu vergessen. In Syrien ist der Tod alltäglich, aber wenn es um Bekannte und um Orte geht, die ein Teil meiner Kindheit waren, dann darf ich das nicht übergehen und muss mich immer wieder damit konfrontieren.

Um einschlafen zu können, musste ich diese Gedanken schließlich beiseiteräumen. Also steckte ich mir Kopfhörer in die Ohren und stellte die Musik laut. Das hatte ich früher auch mit meinem jüngsten Bruder «Abbude» gemacht, wenn Gefechte zwischen bewaffneten Gruppen und dem Regime im Süden von Damaskus ausbrachen. Die Luftwaffe beschoss die uns benachbarten Wohnviertel damals mit Fassbomben und Granaten, und mein Bruder, der sechs oder sieben Jahre alt war, schrie vor Angst und sprang panisch durch die Wohnung. Meine Mutter wusste nicht, wie sie ihn beruhigen sollte, also steckte ich ihm eines Tages während eines Bombardements meine Kopfhörer in die Ohren und ließ ihn laute Musik hören, bis die Gefechte nachließen. Der Kleine fand das schön und beruhigte sich. Wir mussten ihn immer sinnlich ablenken, um ihn zu beruhigen. Als er vier war, hatte er sich einmal mit kochendem Wasser verbrüht und schrie tagelang vor Schmerzen. Er rief dann: «Macht das Licht aus!» Also schlossen wir die Vorhänge, um keine Sonne hereinzulassen, bis er einschlief.

Es ist jetzt 11.15 Uhr. Gleich kommst du nach Hause, deswegen schließe ich hier, obgleich ich das Schreiben brauche, um mich selbst besser kennenzulernen, so wie ich dich dazu brauche. Ich warte auf dich.

Dein Ahmad

***

Lieber Ahmad,

ich erinnere mich gut an den Tag, an dem du mich zu dir gerufen hast. Der Frühling bahnte sich schon an, die Tage wurden heller und damit auch dein kleines, dunkles Schlafzimmer, das während der Pandemie zu meinem Homeoffice wurde. Vor dem Fenster blühten Forsythien. Von der Energie, die der Jahreswechsel üblicherweise mit sich bringt, spürte ich nichts. Der Krieg in der Ukraine tobte seit zwei Monaten, nach dem großen Schock stellte sich – zumindest in meiner Rolle als Journalistin – die große Erschöpfung ein. Ich wusste, dass etwas nicht stimmte, als du mich zu deinem Bildschirm batst und tonlos sagtest, ich solle darauf schauen. Ich verstand nicht, ich sah den *Guardian*-Artikel und versuchte mir dessen Titel einzuprägen, suchte nach einem Schlagwort, das mir eine eigene Auseinandersetzung damit erlaubte: Tadamon.

«Wir haben genau dort gelebt», sagtest du, in diesem Teil von Damaskus. Du hast ein wenig rauf- und runtergescrollt, zu schnell, als dass ich in der Zeit irgendwas hätte lesen können. Ich sah eine Karte mit einem roten Dreieck, das offenbar das Tadamon-Viertel markierte, Bilder von uniformierten

Soldaten, die lange Gewehre hielten, zum Abzug bereit. Ich sah verpixelte Opfer, Feuer, und ich sah dich, wie verstört du warst, und stellte keine weiteren Fragen, sondern nahm dich in den Arm, in dem du erstarrt verharrtest.

Es war einer der vielen Momente, in denen ich dich nicht ganz verstand, in denen dein Schrecken trotzdem zu meinem Schrecken wurde, nur dass in meiner Vorstellung dein Schrecken aus einer Fülle von Bildern, Gerüchen, Worten und Gefühlen besteht und meiner aus einer ebenso großen Leere, in der etwas sein sollte, aber nichts ist. So oder so nistet sich beides in unseren Körper ein, krallt sich fest und verdunkelt unsere Augen, während sich unsere Hände berühren wie immer, um zumindest nicht voneinander wegzudriften.

Natürlich suchte ich den Artikel später, aber die Wahrheit ist: Er blieb ein offener Tab. Ich habe den langen Bericht nie zu Ende gelesen. Ich habe ihn immer wieder angefangen, ich habe mir die Bilder immer wieder angesehen, regelrecht angestarrt, ich habe in den pixeligen Gesichtern der Mörder versucht, Gefühle und Gedanken zu erkennen. Aber den Text dazu habe ich immer nur überflogen. Auch jetzt, beim Versuch, das Lesen nachzuholen, versage ich. Irgendwas blockiert mich. Bin ich nicht bereit, mich dem Entsetzen im Detail zu widmen? Imitiere ich aus Ratlosigkeit deine verzögerte Verarbeitung? Oder belasse ich Entsetzliches lieber im Reich der Wortlosigkeit? Ein Teil von mir war erleichtert, als du in deinem letzten Brief selbst meintest, die nüchterne Beschreibung der Fakten sei dumm, zynisch und kalt. Dass du selbst keine klareren Worte fändest.

Ein anderer Teil ahnt, dass ich Unwissenheit, sosehr ich mich über sie beklage, wahrscheinlich besser aushalten kann als Gewissheit. Mit dem Gefühl zu leben, dass irgendwo noch etwas Größeres lauert, ist unangenehm und belastend. Es ist aber kontrollierbar. Das Unbekannte ist aller Wahrscheinlichkeit nach noch sehr viel unangenehmer und meine Reaktion darauf unkontrollierbar. Und so ergründe ich seit Jahren meine Biografie und die Geschichten meiner Familie aus sicherer Distanz. Ich lese Sachbücher, Romane und Kurzgeschichten über den Krieg in Vietnam, schaue Dokus und Filme. Selbst das wühlt mich schon auf. Es sind nicht nur meine Eltern, die nicht erzählen, es ist nicht nur eine ganze Generation, die schweigt. Ich selbst bin auch noch nicht bereit, alles zu hören.

Doch auch ich musste vor einigen Monaten lernen, dass diese Stabilität nicht allein meine Entscheidung ist. Eines Vormittags im August rief mich Nam an, ein Verwandter aus Hamburg, er ist nur wenige Jahre älter als ich und einer meiner wenigen und liebsten Verwandten in Deutschland. Es ist immer Nam, der anruft, mindestens an meinem Geburtstag, ansonsten auch zum Plaudern, und jedes Mal freue ich mich sehr und nehme mir vor, mehr Initiative zu ergreifen. Auch diesmal ging ich mit einer Mischung aus schlechtem Gewissen und großer Freude ans Telefon. Ich merkte schnell, dass mein Ton unangemessen war. Er rief nämlich an, um mich nach der Nummer meiner Eltern zu fragen, er habe sie nicht erreichen können, aber müsse ihnen mitteilen, dass sein Vater verstorben sei. Gestern Nacht. Nam schluckte und ich hatte keine bessere Reaktion als ein «Was?!», dann trug Nam alle Fakten vor, Orte, Uhrzeiten, Hypothesen, Befunde, und er klang so routiniert, als hätte er den ganzen Morgen nichts anderes gemacht.

Anh Ruyên, so nannte ich seinen Vater, sei mit vietnamesischen Freunden schwimmen gewesen, an einem See in der Nähe von Hamburg. Als die Gruppe allmählich nach Hause wollte, blieb er im Wasser, um noch eine letzte Runde zu drehen. Die anderen ließen ihn zurück – und er tauchte nicht mehr auf. Rettungsschwimmer fanden ihn schließlich und versuchten ihn wiederzubeleben. Vergeblich. Nach einigen Stunden im Krankenhaus wurde er für tot erklärt. Er war zu lange unter Wasser, aber niemand wusste, wie lange und warum.

Als Kind habe ich solche Anrufe öfter miterlebt, immer mitten in der Nacht. Die Leitung zwischen Vietnam und Deutschland war unglaublich teuer, es wurde also nur telefoniert, wenn etwas Wichtiges passiert war, und wichtig war eigentlich nur der Tod, nicht die Sehnsucht oder Heimweh. Wenn das Telefon nachts klingelte, gingen entweder mein Vater oder meine Mutter ran, und danach wurde laut geschluchzt. Nun hatte ich so einen Anruf entgegengenommen, am helllichten Tag, was nicht wichtig ist, aber mir nicht aus dem Kopf geht, und zum ersten Mal ging es nicht um einen Verwandten weit weg, sondern um einen der wenigen Verwandten, die ich seit meiner Kindheit kannte. Mit Anh Ruyên verband mich nicht nur ein Verwandtschaftsgrad («anh» steht für einen älteren Cousin), er hatte mich als Kind immer ermutigt, über mich hinauszuwachsen und mich als Jugendliche und junge Erwachsene stets in seinem Haus willkommen geheißen. Ich war fassungslos.

Ich begann zu realisieren, dass in meinem Leben Krankheit und Tod lange nur abstrakte Phänomene gewesen waren, sie waren Erzählungen anderer Leute. Meine Eltern kamen ja jung nach Deutschland, gesund und arbeitswillig, ebenso ihre ganzen vietnamesischen Bekannten und Kolleg:innen. Alte Leute waren für mich irgendwelche Fremden, die man auf der Straße grüßte oder im Rahmen irgendwelcher Aktionstage im Altenheim besuchte. Bis zum plötzlichen Tod meines Cousins war ich auf gerade einmal vier Beerdigungen, und zu allen vier Verstorbenen hatte ich keine persönliche Beziehung. Zur ersten Beerdigung ging ich mit der ganzen Schulklasse, nachdem der Vater eines Mitschülers tödlich verunglückt war. Zur zweiten Beerdigung ging ich als Journalistin, um über eine sogenannte «ordnungsbehördliche Bestattung» zu schreiben (die Verstorbene hatte keine Angehörigen und auch sonst niemanden, der für die Beerdigung aufkam oder sie besuchte). Und zu den übrigen zwei Beerdigungen ging ich als Begleitung.

Mein Leben und das meiner Eltern, das wurde mir mit der Todesnachricht klar, war eine einzige Flucht nach vorne. Für Rückblicke fehlten die Zeit und die Kraft. Nun wurden wir zum Innehalten und Erinnern gezwungen. Ich weiß nicht, was mehr schmerzte – der Verlust meines Cousins oder das Öffnen all der unbeantworteten Fragen mit dem Wissen, dass viele für immer unbeantwortet bleiben werden.

Ich wusste, dass mein Cousin einer der Boatpeople war. Ich wusste aber nicht, dass er 1982 wie so viele Vietnames:innen mit der Cap Anamur kam, einem deutschen Rettungsschiff. Wie konnte ich Christel Neudeck, die mit ihrem inzwischen verstorbenen Mann Rupert Neudeck die Hilfsaktion gründete, sogar in ihrem Haus in Troisdorf treffen und zur Cap Anamur interviewen, aber nicht einmal mit meinem eigenen Cousin darüber reden, den ich mein Leben lang kannte und bewunderte? Und der nur zwei Zugstunden entfernt wohnte?

Er lächelte seltsam, als ich ihn das letzte Mal sah, aufgebahrt in einem schlichten Holzsarg, umrandet von vielen hohen Kerzenständern. Seine Mundwinkel bogen sich unnatürlich nach oben, fast verschmitzt, gar nicht wie ein friedlich Schlafender. Die Hände lagen übereinandergefaltet auf seinem von weißen Laken bedeckten Bauch und kurz kam mir der Gedanke, dass sein Sarg mehr wie ein weiches Bett aussah als ein Kasten, in dem er bald verbrennen sollte. Alles an dem Bild war falsch. Nichts ergab Sinn. Nichts passte zu der Realität, die ich gerne hätte, die ich mir mühsam aufgebaut und erhalten habe.

Flucht und Migration, das wurde mir in den Wochen und Monaten darauf einmal mehr klar, sind mehr als eine Bewegung von einem Land ins andere. Sie sind brutale Brüche mit der eigenen Biografie, mit der eigenen Familie, mit der eigenen Identität. Der Körper scheint in Sicherheit, aber es gibt mehr als körperliche Verletzungen. Es gibt Wunden, die sich schwer begreifen lassen, wenn man sie nicht selbst in sich trägt. Wunden, die bis in die nächsten Generationen wirken. Ich glaube nicht, dass Zeit alle Wunden heilt. Zeit kann Wunden nur verschwommen erscheinen lassen, aber dann reißen sie doch wieder auf und halten einen in einer pulsierenden Lähmung gefangen, und man kann es sich zur Lebensaufgabe machen, alles zu tun, um das nicht passieren zu lassen, aber was ist das für ein Leben?

Als deine Schwester kam, hatte ich einen ganz anderen Gedanken. Ich hatte mich sehr auf sie gefreut und darauf, dass ein weiteres Familienmitglied in unserer Nähe leben würde. Weil du und ich so schnell zu einer Familie zusammengewachsen sind, habe ich Suzan sofort auch als meine Schwester angenommen. Natürlich kann Familie auch wahnsinnig unbequem sein. Man kann ihr schwer aus dem Weg gehen, man kann ihr nicht einfach kündigen oder das Verhältnis ausplätschern lassen. Aber wenn man aus einer in alle Welt zerstreuten Familie kommt wie ich, wenn man so oft umgezogen ist wie ich, dann ist es auch etwas sehr Schönes, wenn man ein bisschen weniger allein ist und langjährige Vertraute in der Nähe weiß.

Deine Vanessa

***

حبيبتي فانيسا،

als wir vor ein paar Tagen die Tragödie des Ödipus im Theater sahen, dachte ich, wie komisch es ist, dass wir und das ganze Publikum zu einer der größten Tragödien lachten und uns an all dem dargebotenen Unheil erfreuten. Dieses Stück war das erste Theaterstück, das ich in meiner Jugend gelesen hatte, und es ist eines der wenigen, an die ich mich noch in allen Einzelheiten erinnere. Die Verwicklungen darin konfrontierten mich mit moralischen Problemen in meiner eigenen Familie.

Und jetzt, siebzehn Jahre später, sehe ich dieses Theaterstück und kann nur spöttisch darüber lachen. Oft denke ich, dass wir dank des technischen Fortschritts und der Möglichkeit, uns in jedem Moment über alles, was in der Welt geschieht, zu informieren, emotional übersättigt sind mit Nachrichten über Hungersnöte, Kriege und Zerstörung. Über freudige Dinge wird ja nicht berichtet. Dazu kommen die Krisen, die wir selbst erlebt haben.

Dazu gehört auch der Tod. Der Tod deines Cousins oder

auch der meiner Großmutter, die in etwa zur gleichen Zeit gestorben ist und zu dem ich meine Gefühle nicht lesen konnte. Auch deine Gefühle konnte ich nicht klar erkennen, als du vom Tod deines Cousins hörtest. Ich versuchte lediglich, so viel Beileid und Interesse wie möglich dafür aufzubringen. Du schienst mir unentschlossen zu sein, was du fühlen solltest, und bist davor geflüchtet, indem du die Anreise deiner Familie aus Bayern zu uns organisiert hast, damit ihr anschließend zusammen weiter nach Hamburg fahren konntet. Dafür ließt du deine Arbeit liegen. Du hast sogar den Angehörigen deines Cousins dabei geholfen, die Beerdigung vorzubereiten, obwohl du selbst noch nie eine Beerdigung organisiert hattest. Wir sind vom Tod umgeben, aber wie wir mit ihm umgehen sollen, wissen wir nicht. Als deine Eltern dann von der Beisetzung zurückkamen, fingen sie an, irgendwelche Küchenmöbel bei uns neu zu montieren, ohne dass das wirklich nötig war. Ich fühlte mich ihnen dabei nahe, denn wir alle taten, was wir immer tun: Herumwerkeln, um nicht nachdenken oder sprechen zu müssen.

Als ich letzten Samstag zum ersten Mal seit ihrer Ankunft vor zwei Monaten mit meiner Schwester ausging, hatte ich mich sorgfältig darauf vorbereitet. Ich wollte nichts Falsches sagen oder machen und notierte mir sogar ins Handy, worüber ich mit ihr sprechen wollte. Der Tag sollte so glatt wie möglich verlaufen, ohne dass wir uns in Problemen in Bezug zu Syrien oder unserer Familie verhakten. Aber als wir die Straße entlangliefen, hängte sie sich bei mir unter und ich musste alle Kraft aufwenden, um nicht zu zittern. Ich habe mich an die neue Nähe meiner Schwester noch nicht gewöhnt, aber schon nach wenigen Minuten überkam mich ein Gefühl der Ruhe, und ich verwarf die Liste meiner Gesprächsthemen.

Wir sprachen über alles, über Familien in Damaskus, die nicht wissen, wovon sie leben sollen, über das Alltagsleben, das die Nachrichten nicht zeigen, und über das Überleben derer, die niemanden mehr interessieren.

Nachdem ich meine Schwester nach Hause gebracht hatte und zu dir geeilt bin, damit wir es noch rechtzeitig ins Theater schafften, war ich voll mit Familiengeschichten. Ödipus handelt von einer Familientragödie und davon, dass sich in ihr ein ganzes Land spiegelt. Und in derselben Nacht träumte ich von einem jungen Mann, den ich an der syrisch-jordanischen Grenze kennengelernt hatte, wo ich monatelang festhing. Ich habe ihn nur einmal für eine halbe Stunde getroffen.

Er war Mitte zwanzig und gehörte der Freien Syrischen Armee an, die gegen das Regime, gegen die Nusra-Front und andere islamistische Milizen im Süden kämpfte. Er war religiös und trug einen Bart und brachte mich mit dem Auto zu einem Grenzübergang. Während der Fahrt sagte er mir, er beneide mich, dass ich Syrien bald verlassen würde. Er selbst habe keine Hoffnung mehr in die Revolution, die damals in ihr zweites Jahr ging, er könne sich aber nicht mehr aus ihrem Labyrinth befreien. Er hatte zwei Kinder und eine Frau zu ernähren. Mittlerweile sei ihm egal, wer gewinne, meinte er, denn all das Töten habe seinen Traum von Freiheit und seinen Glauben beschädigt. Alles, was er sich wünsche, sei, mit seinen Kindern weit weg von alledem zu sein. Seitdem muss ich immer an ihn denken, wenn ich mit Fragen von Moral, Widerstand, Freiheit und Gerechtigkeit konfrontiert werde. Am stärksten habe ich mich an ihn erinnert, als ich «Draußen vor der Tür» von Wolfgang Borchert las, wo es heißt:

«Und dann war der Krieg endlich da. Und dann haben sie uns hingeschickt. Und sie haben uns nichts gesagt. Nur – Macht's gut, Jungens! haben sie gesagt. Macht's gut, Jungens! So haben sie uns verraten. So furchtbar verraten. Und jetzt sitzen sie hinter ihren Türen. Herr Studienrat, Herr Direktor, Herr Gerichtsrat, Herr Oberarzt. Jetzt hat uns keiner hingeschickt. Nein, keiner. Alle sitzen sie jetzt hinter ihren Türen. Und ihre Tür haben sie fest zu. Und wir stehen draußen. Und von ihren Kathedern und von ihren Sesseln zeigen sie mit dem Finger auf uns. So haben sie uns verraten. So furchtbar verraten. Und jetzt gehen sie an ihrem Mord vorbei, einfach vorbei. Sie gehn an ihrem Mord vorbei.»[16]

Weißt du, was mich an alldem schmerzt? Dass die syrische Revolution mir anfangs Angst machte. Nicht weil sie unberechtigt war, sondern weil sie sich gegen ein Regime richtete, das auf Protest nur mit Mord und Krieg antworten kann. Und dass viele von uns Syrer:innen nicht zugeben können, dass unsere Revolution gescheitert ist. Die Niederlage können wir nicht hinnehmen, und damit verlieren wir jeden Lebenssinn.

Ich springe zeitlich viel hin und her in diesem Brief, selbst wenn es nur um einen Tag geht, aber was mir durch den Kopf geht, hat eine andere Zeitlogik.

Als ich mit Suzan die S-Bahn nach Hause nahm, kam eine alte deutsche Frau ins Abteil, ging an uns vorbei und redete mit sich selbst und mit anderen Weißen darüber, wie schlimm das mit den Flüchtlingen und den Frauen mit Kopftuch sei und dass man denen die Einreise nach Deutschland verbieten sollte. Ich hatte dir geschrieben, dass ich selbst nicht viel Rassismus erlebt habe und auf dergleichen eher spöttisch reagiere. Aber diese Frau sprach ganz unverblümt über meine

Schwester, die in Berlin zum ersten Mal mit den Öffentlichen unterwegs war! Ich machte mir Sorgen, was sie alles noch erleben würde, sollte sie sich dafür entscheiden, das Kopftuch weiterhin zu tragen, und wie sich ihr positives Bild von der deutschen Gesellschaft und ihrer Toleranz und ihre Vorstellung von individueller Freiheit verändern würde, wenn sie in Berlin immer wieder so etwas erleben würde.

Sie fragte mich, was die Frau gesagt habe, und ich dachte mir irgendeine Geschichte aus. Aber vielleicht muss ich mit ihr darüber sprechen, was ihr alles noch bevorstehen könnte, bevor sie hier ihren Alltag beginnt und arbeiten geht.

Dein Ahmad

***

Lieber Ahmad,

es tut mir leid, was deiner Schwester und dir in der S-Bahn widerfahren ist. Eine bittere Erkenntnis nach 31 Jahren auf dieser Welt – 31 Jahre, von denen ich kein einziges ohne rassistische Beschimpfungen erlebt habe – ist wohl, dass wir Rassismus nicht ausweichen können und uns nicht gegenseitig vor Rassismus schützen können. Man kann ihn zeitweise ignorieren, man kann ihn kleinreden, dekonstruieren und in humorvolle oder abstrakte Worte packen, bis er den Bezug zum eigenen Leben verliert, aber er kehrt immer zurück, mal aggressiver, mal perfider, oft unerwartet. Es ist, als würde man bestraft, ihn kurz vergessen zu haben.

Ich weiß nicht, ob ich meine Wut und mein Erschüttern über verschiedenste Formen des Rassismus nur aufgrund eigener Erfahrungen hätte. Ich bin erschreckend gut darin, meine eigenen Verletzungen auszuhalten oder gar nicht erst wahrzunehmen. Als älteste Tochter sollte ich immer die Starke sein und war auch überzeugt, dass ich das war. Ich sah ja, wie sich meine Eltern zur Arbeit schleppten, wie sie um deutsche Worte rangen und ständig gedemütigt wurden. Ich sah auch, wie meine jüngeren Geschwister noch nicht wissen konnten, was sie fürs Leben wissen sollten. Also füllte ich Formulare aus, kochte für sie und betreute ihre Hausaufgaben, ging zu Elternsprechtagen, telefonierte mit Versicherungen und prüfte Mietverträge. Alles, was mich in der Zeit selbst an rassistischen Aggressionen traf, steckte ich weg. Ich kam gar nicht auf die Idee, in die Opferrolle zu gehen und Erzieher:innen, Lehrer:innen oder gar meine Eltern damit zu belasten.

Aber wenn der Rassismus zum Beispiel meine Eltern traf, war das anders. Ich fühlte mich für sie verantwortlich und wusste lange Zeit keine bessere Lösung, als von ihnen noch mehr Unsichtbarkeit einzufordern. Ich wollte sie schützen und fügte mich dafür einer grausamen Regel: Alles, was anders war, darf nicht sein. Ich versteckte sie regelrecht, übernahm voreilig das Sprechen, kritisierte ihre Kleidung und ihre Tischmanieren. Den Rassismus, den ich draußen erfuhr, leitete ich an sie weiter.

Obwohl ich das für mich reflektiert habe, muss ich diesen Impuls bei deiner Schwester kontrollieren. Natürlich befürworte ich Religionsfreiheit, in der Öffentlichkeit würde ich immer das Kopftuch verteidigen. Ein Teil in mir denkt aber auch: Warum dieses Leid? Warum dieses Risiko? Sie könnte es viel leichter haben! Nur um von meinem kühl-politisch denkenden Teil wieder beschwichtigt zu werden: Rassismus wird sie so oder so treffen. Dann soll sie wenigstens nach ihren Überzeugungen gehandelt haben, anstatt sich zu verbiegen und trotzdem Gewalterfahrungen zu machen. Es ist ein unerträgliches Hin und Her in meinem Kopf zwischen Anspruch und Wirklichkeit, zwischen Kampf und Bequemlichkeit.

Eine Freundin erzählte mir gestern, ihre Familie hätte eigentlich alles richtig gemacht im Sinne der deutschen Einwanderungspolitik: Ihr chinesischer Großvater hätte binnen sechs Monaten Deutsch gelernt, studierte dann Medizin, ging als Arzt aufs medizinisch unterversorgte Land, heiratete eine weiße Deutsche, gab seinen drei Kindern sehr deutsche Vornamen und brachte ihnen nur Deutsch bei – und trotzdem werde sie als Enkelin immer wieder zu ihrem Migrationshintergrund ausgefragt.

Du hast über deinen lockeren Umgang mit Verlust geschrieben und vielleicht gehört zu einem gesunden Umgang mit Rassismus auch anzuerkennen, dass er nun mal unseren Alltag durchzieht. Wer sich einbildet, in einer rassismusfreien Welt zu leben, wird immer wieder enttäuscht werden. Dasselbe gilt für Menschen, die meinen, Rassismus durch Assimilation überlisten zu können. Ich will damit nicht sagen, dass ich jede Hoffnung auf gesellschaftliche Veränderung aufgegeben habe. Aber ich finde es sinnvoll, auf emotionaler Ebene die Gegenwart so zu nehmen, wie sie ist – und trotzdem klar und optimistisch im politischen Ziel zu bleiben. Und sich dabei als Mensch, als Individuum nicht zu verlieren. Es klingt so banal, aber am Ende des Tages wollen die meisten Menschen in Frieden leben, und was nützen alle radikalen Kämpfe, wenn man dabei nichts anderes mehr sieht? Ich dachte lange, wenn ich innerlich kämpfe und mich verbiege, dass ich dann äußerlich eine bessere Welt herstellen kann. Und ich glaube weiterhin, dass Veränderungen bei einem selbst anfangen. Aber eben nicht um jeden Preis.

Der Preis der Anpassung, des Sich-nicht-wichtig-Nehmens, äußert sich in meiner Familie in Sprachlosigkeit. Letztens kam mein Bruder und brachte einen Sack Reis. Ich hatte am Tag zuvor für eine Podcast-Folge zum ersten Mal beide Elternteile strukturiert zu ihrer Lebensgeschichte befragt. Wir hatten uns auf einen Videocall verabredet, sie nahmen sich selbst auf. Es war ein überraschend emotionales Gespräch, und es war absurd, dass es dafür eine Interviewsituation brauchte. Ich kannte zwar viele ihrer Geschichten, aber so eine verdichtete Selbstreflexion über Zugehörigkeit und Ausgrenzung war für uns alle eine neue Sache. Am Ende schickte mir meine Mutter die Tonspuren und ich kürzte das Gespräch auf die interessantesten Passagen. Als mein Bruder hier war, erzählte ich ihm von dem Interview und setzte ihn vor meinen Laptop. Ich spielte die Audiodateien ab und wir hörten nochmal von einem Lautsprecher, wie meine Mutter in Tränen ausbrach. «Schon traurig», sagte er und meinte wahrscheinlich sie. Schon traurig, dachte ich auch, aber meinte uns als Familie. Er musste los, den zweiten Teil hat er nicht mehr geschafft, er war fürs Kino verabredet. Trotz dieser Umwege: Ich glaube, so intensiv haben wir uns in der Familie noch nie über unsere Geschichte ausgetauscht.

Vanessa

***

in deiner Familie musstest du die Starke sein, sagst du. In meiner Familie musste ich seit der Revolution und seit dem Krieg der Starke und Solide sein, so habe ich es gesehen. Und wir müssen es bis heute. Nicht weil unsere Familien oder Freund:innen uns noch so sehr bräuchten, sondern – so ist es zumindest bei mir – weil wir unsere inneren Brüche nicht sehen wollen. Ich denke, wenn ich weiter renne, ohne in mein Inneres zu schauen, werde ich sterben, noch bevor ich meine Kaputtheit wirklich spüre.

Vor zwei Tagen unterhielt ich mich mit einer engen Freundin, ich werde sie hier Sarah nennen. Auch Sarah musste immer die Starke sein, um mit ihrer Familie zu überleben und um ihre Familie zu überleben. Als ich ihre Nachricht las, war ich noch mitgenommen von einem Nervenzusammenbruch aus der Nacht zuvor, und auch ihr ging es schlecht. Ich möchte dir von ihr erzählen, weil es manchmal einfacher ist, sich durch andere Menschen zu reflektieren, die uns ähnlich sind.

Manchmal glaube ich, ich könnte bessere Romane und Geschichten schreiben, wenn ich mich darin üben würde, die Protagonist:innen genauer zu betrachten. Sie sollten ihr eigenes Gedächtnis haben, nicht meines, und all ihre Handlungen mit ihren Folgen sollten ein Abbild dessen sein, was sie selbst an Schmerz und Freude erlebt haben, nicht dessen, was ich erlebt habe. Aber wir alle urteilen über die Welt und das Verhalten der Menschen anhand unserer eigenen Erfahrungen, und wir werden erst weise, wenn wir uns von ihnen lösen und sie mit ihren Augen betrachten. Die Umkehrung ähnlicher Geschichten, Erfahrungen und Probleme hilft uns bei der

Lösungsfindung, doch diese Lösungen sind nur temporär, wie Beruhigungsmittel oder Methoden, die uns helfen, irgendwie weiterzumachen. Aber können wir uns trotz oder unabhängig von unserem Gedächtnis verändern? Trotz Erinnerungen an Orte und Menschen und an alles, worin und womit wir aufgewachsen sind? Den Gedächtnissen unserer Körper mit all ihren Verletzungen und ihren Öffnungen für neue Welten bei Arbeit, Tanz, Sex, Krankheit, Ohnmacht und Kraft? Das Gedächtnis unserer Fantasie und seine Schrumpfung? Das Gedächtnis unserer Träume und was aus ihnen wurde? Können wir sie bearbeiten und eingrenzen und so verändern, wie wir es für uns oder für unsere Partner:innen am besten halten? Oder so, dass wir ein möglichst stabiles oder abenteuerliches Leben führen? Ich weiß es nicht, aber ich möchte die Geschichte von Sarah nutzen.

Mit ihr war ich einige Monate vor meinem Umzug nach Berlin fast täglich in Kontakt. Du kennst meine radikale Offenheit und weißt, welche Probleme sie mir oft einbringt, aber mir hilft sie dabei, auf einem klaren Weg zu bleiben. Mit Sarah hatte ich vereinbart, dass ich alles mit ihr teile und sie mir im Gegenzug für die Arbeit an meinem ersten Roman Einblicke in alle Bereiche ihres Lebens gewährt. Ich nahm unsere Gespräche daher auf. Sarah ist eine starke Frau aus Gaza, die in die Türkei geflüchtet ist, wo sie in Rechtswissenschaften promovieren wollte. Wie viele arabische Frauen musste auch Sarah einen Krieg gegen ihre eigene Gesellschaft führen, der sie entflohen war und deren Anliegen sie gleichwohl verteidigte. Ihre Familie erlaubte ihr keine Freiheiten, dennoch musste sie die Starke sein, die ihre Angehörigen unterstützt. In der Türkei lebte sie freier, wollte sich jedoch nicht vollständig anpassen. Was sie mit mir gemeinsam hatte, war, dass auch sie als hässliches Kind galt und weniger Zuwendung erfuhr als ihre Geschwister. Sie spielte auf der Straße mit Jungs statt mit Mädchen, und ihre Haut war dunkel, was ihr Rassismus aus ihrer eigenen (nichtweißen!) Gesellschaft einbrachte. Also entwickelte sie abseits der anderen Fähigkeiten, die ihr halfen, der Gesellschaft, der Politik und der Familie (die sie noch immer liebt) entgegenzutreten. Mittlerweile hat sie sich mit ihrem Körper versöhnt und erhält viele Komplimente. Erst als Erwachsene erfährt sie Anerkennung durch die Gesellschaft, auch wegen ihres Aussehens. Sarah und ich verwendeten eine ähnliche Sprache, frei von Gefühlen, selbst wenn wir von sensibelsten Dingen sprachen. Wir spielten mit Erinnerungen, ihren zumeist, und dass ich auch meine beisteuerte, war der Preis für ihre Geschichten.

Mit meinem Umzug nach Berlin endete der Austausch. Wir hatten einen kleinen Streit, danach nahm keiner von uns wieder Kontakt auf. Vor zwei Tagen saß ich in der Bibliothek und versuchte zu arbeiten. Ich wollte auch von meinem Nervenzusammenbruch aus der Nacht zuvor wegkommen. Da erreichte mich plötzlich eine Nachricht von Sarah. Sie fragte, wie es mir gehe. Das Seltsame war, dass sie sehr nett war, was sie zuvor nie war, auch ich war nie wirklich nett zu ihr gewesen. Wir hatten uns gern widersprochen und scharfe oder ironische Bemerkungen ausgetauscht, weil wir dadurch offener sprechen konnten. Ich hinterfragte ihre Freundlichkeit und sagte ihr das auch. Sie erwiderte, sie sei erschöpft, sie habe einen Nervenzusammenbruch erlitten und wolle nicht mehr stark sein. Ich solle ihr bitte zuhören, ohne meine Gedanken auf sie zu projizieren. Das hatte ihr zuvor immer geholfen, doch jetzt brauchte sie mich nur als Zuhörer. Sie habe einen Türken geheiratet, obwohl sie nie heiraten wollte. Diesem habe sie sich aber hingegeben. So begann ein neuer Kampf zusätzlich zu denen, die sie schon mit ihrer Familie, ihrer Gesellschaft und der Politik geführt hatte. Jetzt kam einer um Identität dazu.

Sarah erzählte mir von der Liebe zwischen ihr und ihrem Mann und dass er sie bei allem unterstützen möchte. Sie litt jedoch unter Panikattacken, ständigen Sorgen und Ohnmachtsgefühlen, die sie mit kulturellen und gesellschaftlichen Unterschieden zwischen ihnen erklärte. Sie wollte bei diesem Mann bleiben, aber sie schaffe es nicht.

Ich bremste Sarahs Redefluss, obwohl ich nur zuhören sollte, und sagte ihr mit Trockenheit und Wut, dass ihr Zusammenbruch nichts mit den kulturellen, sozialen und ethnischen Unterschieden zwischen ihr und ihrem Mann zu tun hätte, sondern damit, dass sie jetzt nicht mehr allein sei, und dass ihrer Entscheidung, ihre Stabilität aufs Spiel zu setzen und in neue Gebiete, Erfahrungen und Projekte zu fliehen, andere Überlegungen zugrunde lägen, und dass sie jetzt mit einem Mann zusammen sei, den sie liebt und mit dem sie eine Familie gründen will. Deshalb solle sie sich ihren Ängsten und psychischen Problemen stellen und nicht vor ihnen davonlaufen. Wir beide hätten uns antrainiert, Hindernisse zu überwinden, indem wir die Gesellschaft und ihre Auswirkungen auf uns kleingeredet haben. Wir seien an Ablehnung gewöhnt und dennoch in der Lage gewesen, etwas zu erreichen. Wir seien daran gewöhnt, am Rand zu stehen, und konnten ein Leben an diesem Rand aufbauen. Aber jetzt gibt es Menschen in unserem Leben, die wir lieben, denen wir unsere Türen geöffnet haben, und das bedeutet, dass wir in unserer Seele und unserem Verstand neue Bereiche erschließen, ohne dass wir vorerst die Werkzeuge haben, damit umzugehen.

Später sagte ich Sarah noch, dass meine harschen Worte von meinen eigenen Problemen herrührten und dass sie ihren eigenen Weg finden müsse. Zugleich hatte ich das Gefühl, dass das, was ich ihr sagte, sie beruhigte. Sie sagte sogar, sie wäre bereit, mir Geld zu zahlen, wenn ich ein Psychotherapeut wäre, der ihr zuhöre. Ich sagte, vielleicht würde ich ihr Geld sogar annehmen, aber nur, um es meinerseits einem Therapeuten zu zahlen, denn den hätte ich nötig! Dann sagte ich ihr noch, dass meine und ihre Hintergründe keine Lösungen für uns bieten, auch wenn sie sich ähneln. Und wenn sie uns doch helfen, dann vielleicht, weil es Geschichten sind, und wir brauchen Geschichten, um weiterzumachen, um zu leben. Aber wenn wir sie für unsere persönlichen Probleme nutzen wollen, sollten wir sie nicht als Lösungen verwenden, sondern als Beispiel dafür, dass es viele Ideen, Wege und Dimensionen in uns gibt, die wir vielleicht nicht kennen, die wir aber suchen müssen. Und wenn wir tief genug graben, überleben wir vielleicht.

Ahmad

Komm dahin, wo es still ist
Februar – Juni 2023

Lieber Ahmad,

ich schreibe dir, während es links von mir, hinter der Balkontür, donnert und schwere Regentropfen auf unsere Holzfliesen prasseln und ich mich unter dem kleinen, warmen Lichtkegel meiner Schreibtischlampe aus Jugendjahren zurückziehe. Ich vermisse dich und wundere mich darüber. Wir sehen uns ja jeden Tag, uns trennen meistens nur Stunden, selten Tage. Es gab eine Zeit, in der ich mich nirgends wohler fühlte als unter diesem Lichtkegel, der meine grelle Umwelt verdunkeln ließ und in dem alles zusammenkam: mein Körper, meine Gedanken, ich. Ich liebte es, alleine nachzudenken. Alleine zu schreiben. Nicht an andere denken zu müssen, niemandem zur Verfügung stehen zu müssen, keinen Erwartungen gerecht werden zu müssen. Virginia Woolf hatte schon 1929 dieses zauberhafte Gefühl beschrieben, ein eigenes Zimmer zu haben, Mely Kiyak schrieb in «Frausein» (2020) von einem ganzen Haus am Meer. Für mich reichte ein eigener Schreibtisch, noch weniger sogar: eine kleine erleuchtete Fläche.

Dann kamst du in mein Leben und einerseits fühlte es sich an, als würde sich alles fügen, andererseits entsteht seither so viel Unruhe in meinem Innenleben – ein Gefühl, das ich immer draußen hielt, wo ich es besser unter Kontrolle hatte. Die einzige Weise, dem Chaos seine Bedrohlichkeit zu nehmen, ist, immer wieder zu dessen Ursprung zurückzukehren, immer wieder zu dir zurückzukehren, in Worten und Gedanken und Berührungen. Die Reibungen auszuhalten, die zwischen zwei unterschiedlichen Menschen entstehen. Sie wieder zu glätten.

Weißt du noch, wie wir in Paris bei Claire und Julien[17] auf dem Gästesofa schliefen, du mit deinem breiten Rücken zum Raum und ich dahinter, an der Wandseite, und wie unsere Gastgeber:innen am nächsten Morgen dachten, ich sei verschwunden, und wie lange sie sich einen Spaß aus dem Anblick machten? Ich war nicht verschwunden, aber weg von dieser großen Welt, bei dir, in unserem eigenen kleinen, warmen Raum, der sich zwischen unseren Körpern bildet und sich anfühlt wie das, was andere Zuhause nennen. Sich derart zu öffnen macht Chaos, aber nach dem Chaos kam immer die Ruhe, eine tiefere, als ich sie je kannte.

Vorhin schrieb mir Claire, sie wolle im April mit Julien nach Berlin, und fragte nach einer Übernachtungsgelegenheit. Nun ist es also Zeit, den Spieß umzudrehen. In Paris sahen wir uns ihre Beziehung an, wir waren fasziniert davon, wie verliebt sie waren, und schmunzelten darüber, wie sehr sie ihre Liebe in jeder Raumecke zur Schau stellten. Diese loftartige Dachgeschosswohnung im ersten Arrondissement, diese einfache, irgendwie profane Liebe – beides erschien uns so unwirklich. Nicht falsch, nur weit weg. Nun werden sie unsere Beziehung sehen, unser Zuhause, auch wir wohnen ganz oben, auch bei uns haben inzwischen gemeinsame Fotos Einzug gehalten, und doch trennen uns Welten.

Julien und Claire – zwei weitere zufällige Figuren aus unserem Leben, die für mich alles verkörpern, was mir und uns nie vergönnt sein wird. Vermutlich tue ich ihnen Unrecht, vermutlich projiziere ich viel in sie hinein. Gut möglich, dass sie sehr hart für alles gekämpft haben. Ich möchte auch nicht neidisch oder missgünstig klingen, sie waren sehr großzügig und gut zu uns, aber vielleicht ist meine Sorge auch das Problem: Warum ist es so unendlich schwer, anzusprechen, dass diese Kluft manchmal schmerzt?

Ich will ihr Leben nicht, nicht Claires Kaschmirpullover und nicht ihre IT-Jobs, die ihnen eine Hochzeit mit Weddingplanner und Schloss und einen Hauskauf in siebenstelliger Höhe ermöglichen. Aber ich beneide ihre Leichtigkeit. Manchmal überkommt mich das Gefühl, dass unsere Leichtigkeit nicht echt ist, dass wir uns eine Leichtigkeit erschaffen wie eine schillernde Seifenblase. Als wir auf Palermo einen Anzug für dich gesucht haben, da flanierten wir wie alle anderen Tourist:innen unter den Orangenbäumen, wir genossen dieselbe Sonne, atmeten dieselbe kalte Januarluft, waren ebenso fröhlich und bereit, ein wenig Geld dazulassen. Aber nicht nur ein, zwei, drei – fast alle Verkäufer:innen schickten uns unter irgendwelchen Vorwänden weg, nachdem wir den Laden betraten. Manchmal schafften wir es nur einen Meter hinter die Glastür, einmal ins Untergeschoss. Sie bemühten sich nicht mal um viele Worte, ihre Gesten sagten alles. Du hast nicht gesehen, wie sie hinter dir hergeblickt haben, aber ich hätte dem einen Verkäufer am liebsten die Augen ausgekratzt. Ein Mensch, der so auf andere schaut, hat das Sehen nicht verdient. Und doch sind wir es, die am Ende die Blicke senken und hoffen, dass wir irgendein Schlupfloch finden, dass wir Respekt ertricksen können durch bessere Kleidung, eloquentere Worte oder sonstige offenkundige Hinweise auf Wohlstand. Die ersten Male habe ich die Abweisungen noch runtergeschluckt, aber irgendwann wurden sie zu schwer und ich sprach sie an und deine erste Reaktion war, am nächsten Tag vielleicht alleine weiterzuziehen, damit ich mich dem nicht aussetzen muss.

Weißt du, als Jugendliche war ich einmal mit einer Schulfreundin und ihrer Familie – eine Ärztefamilie – im Urlaub. Wir fuhren nach Kärnten, das ist eine recht teure Urlaubsregion in Österreich. Ich war zwar offensichtlich mit dieser Ärztefamilie unterwegs, aber es reichte nicht, um wie sie als Touristin durchzugehen. In einem Kleidergeschäft wurde ich wie eine Diebin verfolgt, die Verkäuferin tauchte ständig plötzlich neben mir auf, ohne ein Wort über diese kuriose Verfolgungssituation zu verlieren. Bei einem Regal standen wir schließlich Arm an Arm. Das war der Zeitpunkt, an dem ich den Laden verließ. Danach machte ich nie wieder Urlaub mit dieser Familie, ich reiste nie wieder nach Kärnten, ich mied allgemein Urlaube, die für wohlhabende weiße Menschen gedacht sind und mir nur vor Augen führten, dass ich nicht dazugehöre. Die Zeiten haben sich geändert, inzwischen sieht man überall asiatische Reisegruppen – aber sind sie wirklich als Menschen willkommen oder werden sie als notwendiges Übel hofiert?

Du warst es, der mir so selbstverständlich von Städtetrips in ganz Europa erzählt hat, dass ich ganz vergaß, warum ich sowas nicht mache, und mich freute, mit dir neue Orte wie eben Palermo zu erkunden. Ein Teil von mir wägte sich vermutlich auch sicher, denn dank meiner beruflichen Anerkennungen werde ich inzwischen an vielen Orten sehr freundlich empfangen. Aber dann prallen doch wieder diese Lebensrealitäten aufeinander, und dann denke ich wieder an mein Zittern, das mit Deutschlands Rechtsruck und der Wahl der AfD in den Bundestag 2017 kam, an meine diffusen Auswanderungsgedanken, an Nachrichten über getötete asiatische Menschen, selbst wenn sie in den USA lebten und selbst dann, wenn sich ein anderes Motiv als Rassismus herausstellte.

In meiner Familie habe ich gelernt, niemals zu jammern und mich immer zusammenzureißen. Angst und Wut als lächerlich abzutun. Mich für Unannehmlichkeiten zu schämen. Auch vor dir schäme ich mich, diese Dinge vorzubringen. Was sind schon misstrauische Blicke im Vergleich zu dem, was es sonst an Leid auf der Welt gibt? Aber weißt du was? Vielleicht gehört zu innerer Befreiung auch, einmal nur traurig sein zu dürfen, keine Lösung zu haben, nichts kleinzureden, keine vermeintliche Kontrolle herzustellen, die Probleme nicht draußen zu lassen, sondern sie da zuzulassen, wo sie am meisten wehtun.

Vanessa

***

Ich bin wütend auf mich selbst. Für 200 Euro hätte ich den ICE nehmen können und wäre dann schneller zu Hause gewesen. Stattdessen habe ich Geld an Freund:innen in Syrien geschickt, die vom Erdbeben betroffen sind, und habe für weniger als den halben Betrag eine langsamere Verbindung gebucht. Auf dich bin ich auch wütend, weil ich mit dir streiten musste. Ich hatte das Bedürfnis, dir zu schreiben, aber du hast mir schon eine ganze Weile nicht geschrieben und erst jetzt lese ich wieder von dir.

Ich bin wütend auf mich selbst, weil ich weiß, was du durchmachst. Du bist krank, und wir haben Druck von der Familie und von der Arbeit und machen ihn uns selbst, und trotzdem bin ich wütend auf dich und mich selbst. Vor allem macht es mich wütend, wenn du mich fragst: «Warum bist du so hart zu dir selbst und zu mir?» Meine Härte hat mir immer geholfen zu überleben. Ich habe Angst, sie zu verlieren, denn dann könnte ich mein ganzes Leben verlieren!

Ich bin wütend auf meine Freund:innen in Europa, die mich kontaktieren und ihre Betroffenheit wegen des Erdbebens in Syrien und der Türkei zum Ausdruck bringen, während ich es nicht einmal geschafft habe, meine eigene Familie deswegen zu kontaktieren. Ich habe Angst, ihnen Fragen zu stellen, und gehe auf die Facebookseiten von Freund:innen, um zu sehen, wer überlebt hat und wer nicht.

Weil wir uns hier öffentlich schreiben, muss ich schildern, was passiert ist, kann es aber nicht in Worte fassen. Ich bin angewidert von mir selbst, das zu schreiben: Gestern bin ich kurzentschlossen allein nach Amsterdam geflogen. Eine gute Freundin, die ich ewig nicht gesehen habe, kam aus Tunesien zu Besuch nach Holland, und zum ersten Mal habe ich dich allein schlafen lassen, nur um sie zu treffen. Als ich landete, sickerten die Nachrichten vom Erdbeben langsam durch, aber ich versuchte, sie nicht zu lesen, in der Annahme, dass die Leute dort ja an Unglücke gewohnt sind. Ich machte sogar Selfies mit ihr und wir stellten sie auf Facebook, erst dann las ich, dass es Dutzende, Hunderte, Tausende Erdbebentote gab.

Ich wollte diese Freundin treffen, weil das Leben die letzten zwei Monate so hart gewesen war. Ich wollte ein wenig mit ihr witzeln und tratschen und ein paar Stunden lang Arabisch sprechen, und dazu musste ich dich zwei Tage lang allein lassen. Ironischerweise waren wir nie weit voneinander entfernt, seit wir zusammen sind, obwohl ich vorher allein und mit viel Privatsphäre gelebt hatte und nie lange mit jemandem zusammenbleiben wollte. Und jetzt habe ich dich einfach so alleine schlafen lassen.

Innerhalb von Augenblicken verwandelte sich mein Treffen mit jener Freundin von einem freudigen Zusammensein in Momente der Sorge und Wut über das, was geschehen war, und darüber, wie die Welt damit umgeht. Wir wollten ein Hotelzimmer teilen, aber ich bat sie, bei ihrem Bruder zu übernachten, weil ich das Zimmer für mich allein brauchte. Ich schlief nicht gut. Und ich wurde wütend auf dich, weil du mir nicht schriebst. Ich wusste zwar, dass du an dem Tag nicht schreiben würdest, aber plötzlich fand ich keine Rechtfertigung dafür, einfach weil ich dir von meiner Traurigkeit schreiben wollte. Aus der Trauer wurde Wut, und mir sind die Geschichten entfallen, von denen ich dir eigentlich schreiben wollte. Weil ich dir schreiben will, schreiben wir doch hier! Ich kann im Alltag mit dir nicht immer über alles sprechen, was mir durch den Kopf geht, deswegen lege ich ihn dir so oft auf die Schulter. Aber jetzt wollte ich dir schreiben und ich verstand nicht, warum du mir nicht schreibst.

Ich bin wütend auf mich selbst, weil ich tatenlos zusehen muss, wie sich Massaker und Unglücke in Syrien ereignen, und ich bin wütend auf dich, weil ich nicht das Gefühl habe, dass du so empfindest wie ich, und dann bin ich wieder wütend auf mich selbst, weil ich so denke. Jeden Tag ereignen sich auf der Welt Katastrophen, aber unser Mitgefühl ist immer davon abhängig, wie nahe wir den Betroffenen gesellschaftlich, politisch, ethnisch oder geografisch stehen.

Ich bin wütend auf mich selbst, weil ich neidisch darauf bin, dass der Türkei nach dem Erdbeben geholfen wird, aber die ganze Welt Syrien vergisst.

Ich bin wütend auf Gläubige, die das Erdbeben als einen

Beweis für Gottes Macht über die Menschen erklären, so als ob das Unglück allein nicht ausreichte!

Ich bin wütend auf die Unterstützer des syrischen Regimes, die sich darüber freuen, wie viele Menschen in den nicht vom Regime kontrollierten Gebieten gestorben sind.

Ich bin wütend auf die syrischen Oppositionellen, die schadenfreudig feststellen, dass das Beben auch die Küstenregion getroffen hat, wo das Regime großen Rückhalt hat.

Ich bin wütend auf dich und auf mich, weil du krank bist und ich weit weg von dir bin.

Ich bin wütend auf mich selbst, weil ich so egoistisch war und meine Rückreise für morgen storniert habe und stattdessen eine teurere Rückreise gebucht habe, von Geld, mit dem ich Freund:innen und Verwandte hätte unterstützen können.

Ich bin wütend darauf, dass ich zugleich das Bedürfnis habe, dir nah und allein zu sein. Ich bin wütend, dass ich nicht gelernt habe, mit alledem umzugehen, obwohl ich mit viel Schlimmerem im Leben umgehen konnte. Und jetzt muss ich auch noch lernen, meine Wut zu teilen!

Ich weiß nicht, wie ich meine Wut mit dir teilen soll und was ich mir davon erhoffe und warum ich mich so weit weg und so ohnmächtig fühle. In solchen Momenten sind Worte der Liebe und des Trostes beängstigend. Vielleicht erwarte ich von dir auch Wut? Ich weiß es nicht. Vielleicht will ich nur, dass du mir schreibst.

Als ich dir zum allerersten Mal geschrieben habe, war noch keine richtige Liebe zwischen uns. Ich wollte nur, dass du mir schreibst.

Ich sitze im Zug wie üblich auf der Fensterseite. Auf beiden Seiten der Schiene wachsen Bäume, viele Bäume unter einem grauen Himmel, halbnackt im Februar. Wenn ein Zug vorbeifährt, sehen sie aus wie eine vorrückende Armee, wie Soldaten aus Asche, die in den Krieg ziehen.

***

Lieber Ahmad,

es tut mir leid, dass ich meinen letzten Brief so spät abgeschickt habe, obwohl du mich mehrmals gebeten hast, unseren Briefwechsel fortzuführen. Es tut mir ebenso leid, dass ich nun fast drei weitere Wochen habe verstreichen lassen, um dir zu antworten. Ich weiß, dass ich dich damit fast drei Wochen mit deiner Wut allein gelassen habe, sie vielleicht sogar größer werden ließ. Es war eine Kapitulation – nicht vor dir, sondern vor meinen Grenzen.

Lass mich etwas ausholen: Am Anfang unserer Beziehung waren wir so fest davon überzeugt, einander zu verstehen und vom anderen verstanden zu werden, auf eine Weise, wie wir sie noch mit keinem anderen Menschen erlebt hatten. Da war eine fast kindliche Freude über jede Gemeinsamkeit, von alltäglichen Prioritäten über politische Haltungen hin zu den ganz großen Zielen im Leben. Und aus der Freude wurde eine Art Versprechen: dass wir alle Kämpfe gemeinsam kämpfen würden.

Mehr als ein Jahr später ist der Rausch einigen bitteren Einsichten gewichen, und eine davon ist unser unterschiedlicher Umgang mit Wut.

Moderne, machtkritische Theorien loben Wut als Mittel der Emanzipation. Feminist:innen, Unterdrückte, Ausgestoßene – alle entdecken die Wut gerade für sich und sehen die Unterdrückung von Wut als Teil der Unterdrückung, die sie erleben. Ich verstehe das in der Theorie und ich sehe auch, zu welchen Freiheitsrechten die Wut der Unterdrückten geführt hat. Gefühlt habe ich das allerdings nie.

Wo mir Wut begegnete, ging ich ihr aus dem Weg. Aggressive Beamte, rassistische Mitschüler:innen und Passant:innen, auch meine eigenen, überforderten Eltern – ich habe ein sensibles Gespür dafür, wenn sich ein unkalkulierbares Gefühlsgemisch zusammenbraut, und weiß dann: Es ist Zeit, einen Ausweg zu finden.

Werde ich selbst wütend, isoliere ich mich, bis die Wut verfliegt, bevor ich mir oder anderen schade. So war das auch, als ich deine Nachricht las. Ich wurde so wütend! Mehr noch, in mir keimte Hass auf, und er richtete sich gegen dich: dafür, dass du so mit mir sprichst. Dafür, dass du mein Bedürfnis nach einer Auszeit missachtest. Dafür, dass du keine Lösungen mit mir suchst, sondern mich als Teil des Problems begreifst. Ich fühlte mich angegriffen und hätte am liebsten zurückgeschlagen, verbal, emotional. Ich spürte, wie diese tödlichen Trümmer, obwohl sie Tausende Kilometer weg waren und wir eigentlich in Sicherheit waren, dich erdrückten und mich dazu. Ich wollte das nicht. Also holte ich tief Luft.

Wut ist ein schnelles, zerstörerisches Gefühl. Und vielleicht muss man manchmal schnell sein, um größeren Schaden abzuwenden. Vielleicht muss man manches auch zerstören, um Besseres zu schaffen. Vielleicht ist Zerstörung in einer Situation der Ohnmacht ein Schritt nach vorne, oder zumindest einer nach draußen. Manchmal fühle ich mich wie eine Verräterin, wenn ich nicht genauso wütend werde wie andere und wenn Wut die einzig richtige Reaktion scheint. Ich verstehe ja, dass du wütend wurdest. Jedes extreme Gefühl ist verständlich, wenn gerade zigtausend Menschen lebendig begraben werden von Mauern, die ihr Zuhause waren, und wenn vielen aus politischen Gründen nicht geholfen wird.

Dennoch bleibt Wut für mich etwas Gefährliches von außen, unkontrollierbar, hässlich. Vielleicht weil Wut so körperlich ist und alles Schöne, Komplexe und Konstruktive niederbrennt. Wut ist Brüllen, wenn man auch in Ruhe nachdenken könnte. Wut ist Chaos, wenn man Dinge auch neu sortieren könnte. Wut zischt, schlägt, verletzt und eskaliert.

Und so erschrak ich mich vor mir selbst, als ich Hass auf dich spürte. Ja, «Ich hasse dich» war der einzige Satz, der mir einfiel, aber es war auch einer, den ich niemals in unserer Beziehung hören möchte. Ich richtete also alle meine Energie darauf, innerlich wieder friedlich zu werden, von meinem Körper zurück in meinen Kopf zu gehen, der alles abstrahierte und sortierte, ich ließ neue Sätze entstehen und fühlte mich, als hätte ich dich damit im Stich gelassen. Mehr noch: als hätte ich mich über dich erhoben. Du hast mir vorgeworfen, ich sei nicht bei dir gewesen, und ich tat das als Quatsch ab, aber schämte mich auch dafür. Ich war nicht zusammen mit dir in dieses Loch gestürzt, ich blieb in sicherer Distanz und ließ dich alleine stürzen. Natürlich habe ich mir eingeredet, das sei besser für uns – aber war es das? War ich auf andere Weise bei dir oder war es feiger Hohn?

Wie viel Leid kann ein Mensch ertragen? Wie viel Leid kann ein anderer Mensch mittragen? Wie viele Gefühle sind angemessen, empathisch, menschlich? Und ab wann muss man sich selbst schützen? Ist Selbstschutz egoistisch, und viel wichtiger: Entfremdet Egoismus?

Bis heute lese ich jeden Tag Meldungen von Nachbeben und welche Steigerungen von Elend es geben kann. Aber ich wache auch auf und freue mich über Schneeflocken, die in der Luft umherwirbeln, während anderswo Leute erfrieren. Ich kann nicht entscheiden, was mir das Leben anspült, aber ich muss mich entscheiden, welchen Dingen ich mich widme, und diese Entscheidung kann nur grausam ausfallen. Manchmal wünschte ich, wir könnten Politik einfach aus unserem Privatleben aussperren, und dann denke ich an Menschen, die sich das leisten können und es vermutlich nicht mal wertschätzen. Ich möchte nicht, dass wir uns entfremden und Schutzmauern hochziehen. Ich will noch so viel Zeit mit dir verbringen, und das nicht trotz, sondern wegen allem, was du mitbringst. Ich will unser Versprechen nicht aufgeben.

Nun sind einige Wochen vergangen und ich wüsste gerne von dir, was außer der Wut in dir vorging. Wie erging es dir? Glaubst du, es hätte anders laufen können? Hättest du dir gewünscht, dass ich fühle, was du fühlst? Verzeih mir, dass ich es nicht konnte. Es tut mir aufrichtig leid.

Vanessa

***

عزيزتي فانيسا،

einmal sagte ich zu dir scherzend: «Ich hasse dich!» Du wurdest trotz der offensichtlichen Tatsache, dass es ein Witz war, wütend und hast mich gebeten, das nie mehr zu sagen. Ich weiß, dass dich Hass ängstigt, aber mich nicht. Und zwar deshalb, weil mir nichts ferner läge, als dich zu hassen. Ein vorübergehender emotionaler Bruch, wie er bei dem einen oder anderen Streit mal vorkommt, dient nur dazu, Abstand zu gewinnen, um anschließend Gefühle und Prioritäten neu zu sortieren und einen klaren Blick darauf zu bekommen, was passiert ist.

Hass ist für mich wie Liebe. Er kumuliert sich, und bei unseren vielen und langen Streiten haben wir ihm nie erlaubt, sich zwischen uns aufzubauen. So sehe ich es, auch wenn ich damit leben kann, dass du es anders siehst und mich bei jedem Streit fragst, ob ich dich hasse und nicht mehr liebe. Das Liebesgefühl ist für dich mit dem Gefühl der Sicherheit verbunden. Ich kann dir dieses Sicherheitsgefühl nicht immer geben und es ärgert mich, wenn du daraus schlussfolgerst, dass ich dich nicht liebe, und du dann auf Distanz gehst.

Bei unserem letzten Streit vergangene Woche, der fast zu unserer Trennung geführt hätte, waren wir beide wütend. Aber zwischendrin machten wir immer wieder Pause und umarmten einander und weinten. Wir versicherten uns, dass selbst, wenn wir beschließen sollten, unsere Beziehung zu beenden, unser Glaube an den anderen größer bleiben würde als das, was uns trennt. Um dieses Vertrauen haben wir gekämpft, und ich bin froh darum, dass dieses Vertrauen und dieser Glaube bei allem, was zwischen uns geschieht, immer tiefer wird. Und um dir meine Wutzustände besser zu erklären, ziehe ich mich wieder in den Bereich zurück, in dem ich mich selbst am besten reflektieren kann, in die Welt der Geschichten, Geschichten über Wut:

Am vergangenen Wochenende, als ich meine Panikattacke hatte, war der zwölfte Jahrestag des Beginns der syrischen Revolution, und in den Medien wurden Zahlen, Berichte und Artikel dazu veröffentlicht. Das alles entfachte in mir einen alten Zorn. Ich kenne solche Wutanfälle, bei denen mir eine Vergangenheit in die Gegenwart gespült wird, ohne dass ich mich abgrenzen kann, und sie bringen mich zu seltsamen

Gedanken. Zum Beispiel, dass ich Deutschland verlassen und nach Damaskus zurückkehren sollte, einfach nur, damit ich wieder Teil der Tragödie werde, vor der ich geflohen war. Dass ich hier bin, verursacht in mir nach wie vor Schuldgefühle, auch wenn ich gute Gründe hatte, wegzugehen, und gar nicht wüsste, wohin ich in Syrien gehen oder was ich da tun sollte. Ich wurde vom Regime gesucht und war von islamistischen Milizen verhasst. Wieso denke ich an etwas so Verrücktes wie Rückkehr? Ich überlegte, ob ich nicht von hier aus hilfreicher sein könnte, als wenn ich in ein Land zurückgehen würde, in dem man sinnlos stirbt.

Ja, ich glaube heute wie schon immer, dass es nichts auf der Welt gibt, das es wert ist, das eigene Leben dafür zu geben. Aber das Leben stellt einen immer wieder vor schwierige Entscheidungen, und man muss seine Pflicht tun oder man verliert den Glauben an sich selbst oder an politische, ethische oder soziale Anliegen, für die man lebt.

Weil du mein Land nicht kennst und diese Zusammenhänge nicht erlebt hast, hast du die Wut nicht verstanden, die ich auf dich gelenkt hatte, weil du jetzt auch Teil meines inneren Lebens bist. Und ich weiß nicht, was ich von dir in jenem Moment wollte. Es gibt ein Gedicht des Mexikaners Jaime Sabines, das ich immer wieder lese, wo es frei übersetzt heißt:

«Du bist immer an meiner Seite und ich danke dir dafür.
Wenn die Wut mich beißt, oder wenn ich traurig bin
– mit dem Balsam für Traurigkeit bestrichen, als ob ich
sterben wollte –,
erscheinst du weit weg, unberührbar, neben mir.
Du schaust mich an wie ein Kind und ich vergesse alles
und jetzt will ich dich nur noch freudig, schmerzlich.»[18]

Vielleicht ist es das, was ich erwarte: dass du bei mir bist. Und ohne ein Recht darauf zu haben, habe ich auch erwartet, dass du, wenn du glücklich bist, meinem Schmerz Raum geben kannst.

Als die Revolution begann, bekam ich Angst. In Syrien war und ist jede Veranstaltung oder Zusammenkunft von mehr als zwei Personen verboten, bei der über ein Buch gesprochen oder ein Film gezeigt wird. Das ist zwar paranoid, aber womit das Regime Recht hat, ist die Tatsache, dass alles Kulturelle auch politisch ist. Ich hatte damals einen Studienfreund, mit dem ich mich kulturell engagierte, und wir ahnten, dass das Regime keine Gnade mit jeder noch so friedlichen Bewegung haben würde und es nicht hinnehmen würde, wenn die Wut sich aus den Häusern der Menschen Bahn bricht auf die Straße.

Revolution ist ein Akt der Freiheit, aber Glück brachte sie uns nicht, auch wenn es hier und da Momente der Freude oder eines Freiheitsgefühls gab, als wir für einige Tage lang unterdrückte Worte aussprechen konnten, bis sie wieder eingefangen oder getötet wurden, bis wir in die Flucht gezwungen und unsere Häuser zerstört wurden.

Vanessa, mit dir kann ich wütend sein, weil ich dir vertraue. Aber wütend zu sein und einem Regime gegenüberzustehen, dessen Moral oder Verantwortungsgefühl gegenüber der eigenen Bevölkerung man nur misstrauen konnte, grenzte für mich an Selbstmord.

Aber die Revolution war nun einmal da, und sich auf ihre Seite zu stellen, war eine moralische Pflicht. Mein Studienfreund und ich schluckten unsere Wut hinunter oder richteten sie gegeneinander, um sie nicht auf die Straße zu tragen. Wir mussten die Protestbewegung so ruhig und klug wie möglich unterstützen. Wir lektorierten Reden und Texte gegen das Regime so, dass wir kein anderes arabisches Land damit verärgerten und dass die verschiedenen Bevölkerungs- und Konfessionsgruppen Syriens die Revolution unterstützen konnten. Zudem arbeiteten wir mit Menschenrechtsgruppen, die politische Gefangene unterstützten. Auch dafür mussten wir unsere Wut gegen das Regime verstecken und stattdessen nach Rechtswegen suchen. Jede unüberlegte Aktion hätte ein Massaker nach sich ziehen können.

Wir gingen auf keine Demonstration und arbeiteten nur im Verborgenen. Weißt du, was das an Selbstdisziplin erforderte? Wie traurig es war, nicht mitzudemonstrieren und unseren Protest auf der Straße nicht herauszuschreien, nur um keinen Verdacht zu erwecken? Nicht in die Gesänge für Freiheit mit einzustimmen, nicht mit allen anderen das Regime lautstark zu verwünschen? Das mag banal klingen, aber diese Rufe nach Freiheit waren für viele Demonstrierenden die einzigen Momente der Freude, sie waren eine individuelle und schließlich kollektive Selbstbefreiung. Aber mein Studienfreund und ich konnten uns nicht daran beteiligen.

Weißt du, dass meine Freund:innen von damals, die inhaftiert wurden und geflohen sind, in sozialen Medien, in Büchern oder Artikeln immer wieder von den Demonstrationen während der Revolution schreiben? Für sie waren sie das Einzige, das sie für all das entschädigte, was sie verloren haben. Weißt du, wie traurig es für mich ist, dass ich diese Erinnerungen an Rufe nach Freiheit nicht teile? Wie Messer schluckten wir unsere Schreie hinunter.

Was mich heute auch traurig macht, ist, dass die meisten Syrer:innen nicht öffentlich einräumen möchten, dass ihre Revolution gescheitert ist. Wir sprechen zwar in Privatgesprächen an, dass es so ist, aber viele wollen es nicht wahrhaben, obgleich es vielleicht genau das wäre, was uns unser Schicksal erleichtern könnte. Und trotz meiner Geringschätzung für das Nichtzugebenwollen der Niederlage verstehe ich, was das Eingeständnis für die Betroffenen bedeuten würde: dass sie ihre Schreie nach Freiheit wieder hinunterschlucken müssten, und mit ihnen all das Blut, das dafür vergossen wurde!

Einer meiner Studienfreunde von damals heißt Ahmad wie ich. Er war ein Mathematikgenie und ein begeisterter Anhänger seines Fachs. Gerne hätte er weitere Entwicklungsansätze mitangestoßen, aber an unserer Universität wollte das niemand. Während wir kulturell arbeiteten, beschäftigte er sich im Geheimen mit anderen Studierenden mit mathematischen Theorien und kontaktierte Universitäten im westlichen Ausland, um an Forschungsarbeiten zu kommen, die es in unserer Bibliothek nicht gab. Kein Buch darin war jünger als das Ende der Sowjetunion.

Zwei Jahre nach der Revolution wurden Ahmad und jemand anderes aus unserem Freundeskreis, beide gehörten zu meinen engsten Freunden, unabhängig voneinander schizophren. Sie konnten nicht verarbeiten, was geschah und was ihnen dabei alles verloren ging. Ahmads Schizophrenie war für ihn eine Art Befreiung. Zwar wurde er auch religiös, aber die Wissenschaft und die Bücher halfen ihm auch in diesem Zustand. Er entwickelte einen fröhlichen Charakter mit einer freien Fantasie. Er lebt jetzt in einer Parallelwelt, in der ganz andere Regeln gelten als in unserer.

Immer, wenn Freund:innen von mir psychische Krisen erleben, meist in Form einer Schizophrenie, bemühe ich mich besonders, bei Verstand und in dieser Welt zu bleiben, in der man die Zerstörung zwar auch nicht fassen, aber hinnehmen kann. Die Niederlage hinzunehmen hat mir dabei geholfen, zu überleben. Bei den Panikattacken, die ich neuerdings erlebe, frage ich mich allerdings, ob ich wirklich überlebt habe oder ob ich nur Angst davor habe, meinem Verstand freien Lauf zu lassen und mich dabei zu verlieren.

Ich sage es hier seit zehn Jahren zum ersten Mal: Vielleicht bin ich aus Syrien nicht deswegen geflohen, weil ich dort keinen Platz mehr hatte oder dort nirgendwo mehr sicher leben konnte, sondern weil ich Angst davor hatte, vorbehaltlos Freiheit und Gerechtigkeit einzufordern und meinen Verstand dabei zu verlieren. Ich wollte mich einfach nicht von der Realität abkoppeln.

Niederlagen und Verluste kann man zwischenzeitlich vergessen, und ich kann anerkennen, dass es mit der Revolution nicht geklappt hat. Aber die deutsche Bürokratie hat es geschafft, die ganze alte Wut in mir wiederzuerwecken. Als ich mich um die deutsche Staatsbürgerschaft bewarb und die Beamtin mir einen Telefontermin in acht Monaten um neun Uhr morgens gab und sie mich dann wirklich genau um diese Zeit anrief, war ich zunächst einmal beeindruckt von dieser Akribie. Zudem war die Beamtin sehr beeindruckt von allem, was ich in sechs Jahren in Deutschland erreicht hatte. Aber dann verlangte sie, dass ich bei der syrischen Botschaft in Berlin meinen Pass verlängern lassen sollte!

Als politischer Flüchtling kann ich nicht einfach in die syrische Botschaft gehen. Aber ich soll mir dort einen neuen Pass holen, der mich an die tausend Euro kostet. Geld, das an ein Regime geht, mit dem Deutschland die Beziehungen abgebrochen hat! Alles nur, um wieder und wieder meine Identität nachzuweisen.

Ich muss durchatmen.

أحتاج أن أتنفس

Ich kapitulierte vor der Bürokratie und ging tatsächlich zur syrischen Botschaft, um einen neuen Pass zu beantragen. Nie zuvor habe ich mich so erniedrigt gefühlt! Zuvor habe ich, trotz aller zu erwartenden Verluste, immer getan, was ich wollte. Die Demütigung lag nicht darin begründet, dass dies ein Eingeständnis war, die Revolution verloren zu haben, sondern dass eine, höflich gesagt, deutsche «Bürokratie» uns dazu zwingt, dies dem syrischen Regime gegenüber einzugestehen und ihm Tausende von Dollar dafür zu zahlen, dass es seine Schandtaten fortsetzen kann.

Ich muss durchatmen.

أحتاج أن أتنفس

Morgen ist der erste Ramadan. Weißt du, dass ich, auch nachdem ich vor Jahren meinen Glauben aufgegeben habe, während des Ramadan weiter gefastet habe? Ich sehe das Fasten als eine Geduldsprüfung, weniger als eine, um Hunger und Durst zu ertragen. Als eine Prüfung, mein Gedächtnis zu erhalten und meine revolutionären Prinzipien nicht aufzugeben, nicht nur die politischen, sondern auch in Bezug auf meine Selbstbeherrschung. Dass ich unterscheide zwischen dem, was mir für den Moment Freude bereitet, und dem, woran ich glaube und was mir inneren Frieden bereitet, sodass ich die mir verbliebenen Jahre meines Lebens noch genießen kann.

Im Islam heißt Geduld vor allem, die eigene Wut unter Kontrolle zu halten. Selbst der Prophet soll gesagt haben, dass Gott sich weniger um jene schert, die nicht fasten, sondern um jene, die zwar fasten, aber wütend werden und die ihre Wut an anderen auslassen. Im Koran steht, dass die besten Gläubigen diejenigen seien, die «den eigenen Zorn im Zaum halten und anderen vergeben». (Sure 3, Vers 134)

Ich glaube noch immer an die Kraft des Zorns, aber möglicherweise kann ich ihn nicht mehr so gut kontrollieren wie einst.

Ahmad

***

Lieber Ahmad,

es bedrückt mich zu hören, dass du denkst, dass du dabei bist, deinen Verstand zu verlieren. Ausgerechnet hier, wo du in Sicherheit bist, und ausgerechnet bei mir, wo du emotionale Ruhe finden solltest. Ich kenne dich noch nicht lange, kann also nicht beurteilen, ob du deine Wut nun weniger unter Kontrolle hast als früher, aber ich spüre oft, wie du innerlich eigentlich bebst, deinen Zorn aber wegzitterst. Es ist, als würdest du einen gigantischen Lärm in dir bändigen, nur um die Welt um dich herum zu beruhigen. Diese Situationen überfordern mich, so wie mich auch deine Reaktion auf das Erdbeben, auf den Jahrestag der Revolution, auf erneute Proteste in Syrien, auf plötzliche Todesnachrichten und auf erneute Bombardierungen überfordern. Ich habe darauf keine Antworten. Ich möchte dir nur sagen, dass ich bei dir bin, auch wenn ich es vielleicht nicht auf die Weise bin, die du dir wünschst. Dass meine Stille keine Distanz ist, sondern eine Einladung. Dass auch du dahin kommen kannst, wo es still ist. Dass du das darfst. Dass du nicht durchatmen musst, sondern durchatmen darfst.

Ich schreibe dir diesmal aus dem Schatten eines alten Maulbeerbaums. Vor mir liegt ein Lotusteich voll nervös schwirrender Libellen, und von allen Seiten zirpt, flattert und raschelt es. Es könnte die perfekte Idylle sein, würde über uns nicht dieser dunkle Donner rollen und wäre aus weiter Ferne nicht immer wieder ein plötzlicher Knall zu hören – es ist Jagdsaison.

Die Gewehrschüsse begleiten all unsere Aktivitäten in der buddhistischen Klostergemeinschaft: während wir bei Sonnenaufgang zur Morgenmeditation schreiten. Während wir uns vormittags mit den Plum-Village-Schwestern wie eine Ameisenstraße aus langen, braunen Roben schweigend durch den üppigen Wald pflügen. Während wir uns abends dankbar vor den dampfenden Schüsseln voll Reis und Gemüse verbeugen. So rücken hier Stille und Lärm, Leben und Tod unbeabsichtigt nah zusammen.

Es ist mein dritter Besuch hier, zum zweiten habe ich dich ja letztes Jahr mitgeschleift. Aber ich glaube, ich habe dir nie erzählt, warum eigentlich. Der Grund liegt ein paar Schritte hinter mir, da oben auf dem Hügel, wo dieser kleine, dunkle, überdachte Glockenturm steht. Gerade versperren Holzlatten den Zutritt, die Glocke fehlt auch.

Unter dem Glockenturm saß ich 2019 zum ersten Mal. Es war Herbst, noch warm, ich hatte vorher nie mit buddhistischer Praxis zu tun, mehrere Freundinnen hatten aber sehr von diesem vietnamesischen Meditationszentrum in Südfrankreich geschwärmt und ich buchte kurzerhand eine Woche im Kloster. Wie ich vor Ort erfuhr, wurde das Zentrum 1982 vom Friedensaktivisten Thích Nhất Hạnh und seiner langjährigen Gefährtin Schwester Chân Không gegründet, und bis heute wird es von überwiegend vietnamesischen Geistlichen geführt, die sich mit größter Sorgfalt in Achtsamkeit üben. Ich sah dort zum ersten Mal Menschen, die meiner Familie ähnelten, nur ohne diese Strenge und Bitterkeit im Gesicht. Sie machten sich nie klein, sie hasteten nicht. Im Gegenteil. Diese Leute – meine Leute – gingen wie aufrechte, freie, zufriedene Menschen.

Nach einigen langen Tagen, kurzen Nächten und unzähligen Achtsamkeitsübungen später war ich an dem Punkt angelangt, an einem rein vietnamesischsprachigen Gesprächskreis teilnehmen zu wollen. Es war der kleinste Kreis, vielleicht zehn Leute, die meisten von ihnen waren aus Vietnam angereist. Ansonsten wird in Plum Village vor allem Englisch gesprochen, die meisten Besucher:innen sind weiße Europäer:innen, die auf Sinnsuche sind oder eine Lebenskrise durchmachen. Das meine ich gar nicht abwertend, ich kam selbst diffus unglücklich, ohne einen konkreten Grund dafür nennen zu können. Ich hatte einen guten Job, erste berufliche Erfolge gefeiert, führte eine harmonische Beziehung und hatte viele Freund:innen. Objektiv betrachtet war alles gut.

2019 saß ich also in diesem vietnamesischsprachigen Kreis, der durch eine kleine Klangschale eingeleitet wurde, und hörte den anderen gespannt dabei zu, wie sie in dieser für mich so vertrauten Sprache persönliche Geschichten über sich teilten. Zum Ende hin – es stellte sich schon allgemeines Schweigen ein – ergriff ich die Gelegenheit, auch von mir zu erzählen, und gab den anderen ein Signal, indem ich meine Hände faltete und mich langsam verbeugte. Ich weiß gar nicht mehr, was genau ich sagen wollte, es ging mir mehr um ein Zurückgeben in die Gruppe. Doch als ich zum Sprechen ansetzte, verschlug es mir die Sprache. Ich stammelte einige Brocken Vietnamesisch, lächelte meine Unsicherheit anfangs noch weg, aber mit jedem Wort, das ich nicht fand, mit jedem Versuch, ein anderes zu finden, mit jedem Versagen dabei, wurde ich hilfloser, kleiner und trauriger.

Wie konnte es sein, dass die Sprache, die ich als Kind gelernt hatte, die Sprache, die wir zu Hause in der Familie sprachen, die Sprache, die ich eigentlich verstehe – dass sie einfach nicht aus mir rauswollte? Oder war sie nie wirklich da gewesen? Statt Sätze flossen aus mir Tränen. Ich begann um die Beziehung zu meinen Eltern zu trauern, die vor allem aus Schweigen besteht, um meine Beziehung zu meinen Vorfahren, die vor allem aus Nichtwissen besteht, um all die Gespräche, die ich so gerne geführt hätte, aber nicht imstande war, zu führen. Was war die akribische Aneignung der deutschen Sprache wert, wenn ich mit den Menschen, die mir am nächsten standen, nie richtig in Kontakt treten konnte, weil ich sie nicht verstand und sie mich nicht verstanden? Konnte ich mich überhaupt selbst verstehen, wenn mir so viele Puzzleteile meiner Identität fehlten? Konnten meine Freund:innen mich verstehen, wenn ich einen so großen Teil von mir selbst nicht verstand? Ich habe mich wahrscheinlich nie einsamer gefühlt als in diesem Moment, so isoliert von allen und allem. Ich fühlte mich, als schaukelte ich in einem Holzboot auf einem riesigen Ozean und erahnte zum ersten Mal dessen dunkle Tiefe.

Was darauf folgte, weißt du: Ich nehme seither privaten Einzelunterricht in Vietnamesisch, online über Videoanrufe. Mit meiner Lehrerin in Saigon baue ich längst nicht mehr nur Vokabular auf, sondern wir lesen Kurzgeschichten und literarische Klassiker, die mir einen Zugang zu ganz neuen Gefühls-

und Erlebenswelten eröffnen. Plötzlich kann ich mit meinem Vater nicht nur über belanglose Alltagsdinge sprechen, die einer gut einstudierten Satzchoreografie folgen, sondern literarische Figuren und Metaphern erörtern.

Und heute, vier Jahre nach meinem ersten Plum Village Retreat, befinde ich mich in einem Retreat, das sich gezielt an Menschen mit vietnamesischem Hintergrund richtet. Ich bin wieder in eine rein vietnamesischsprachige Gruppe gegangen – und diesmal konnte ich frei sprechen. Ich muss gelegentlich noch nach Worten fischen, manchmal auf andere ausweichen, meine Sätze sind umständlich. Aber die Blockade ist weg, dieses «Du solltest», «Du müsstest», «Warum kannst du das nicht?» – weg. Ich spreche Vietnamesisch wie andere Fremdsprachen, die ich nicht perfekt beherrsche.

Wie in einem Vorher-nachher-Bild kann ich sehen, wie weit ich gekommen bin, und bin so stolz. Ich kenne inzwischen sogar das Wort für «stolz»: *tự hào*. Ich habe es in einem Gesprächskreis gesagt. Es hat etwas Anrüchiges, seinen eigenen Stolz mitzuteilen, aber wenn ich auf eines stolz bin, dann darauf, dass ich die Situation unter dem Glockenturm nicht beiseitegewischt und verdrängt habe, sondern diese Sprache gelernt und dadurch eine Verbindung zu meiner Familie aufgebaut habe.

Gibt es etwas, worauf du stolz bist, so richtig stolz?

Von einer Sache möchte ich dir noch erzählen, bevor es gleich anfängt zu regnen (der Donner wird immer lauter, eben blitzte es). Das Motto des Retreats lautet «*Finding our true home*» und die Schwestern haben passende Seminare vorbereitet. Gestern erzählte Schwester Định Nghiêm in einem sogenannten Dharmatalk[19] etwas verwundert, dass ihre Neffen und Nichten in den USA unter Depressionen litten. Dabei, sagte sie, hätten sie alles, was man sich zum Glücklichsein vorstellt: ein Haus, eine gute Ausbildung, ein Land im Frieden. Die Elterngeneration habe alles für Sicherheit, Wohlstand und Glück dieser Neffen und Nichten gegeben, und trotzdem sei da dieser Schmerz.

Schwester Định Nghiêms Familie war nach dem Krieg in Vietnam in den Westen geflohen, zunächst flohen die ältesten drei Schwestern über das offene Meer in die USA, später konnten die Eltern, sie und ihre jüngeren Geschwister über eine Evakuierungsmission nach Frankreich ausreisen. Über Jahre war die Familie auseinandergerissen, die älteren Schwestern bauten sich in den USA eine neue Existenz auf, Schwester Định Nghiêm ging in Frankreich zur Schule und später zur Universität. Mit 24 hatte sie ihr Studium beendet und die Familie plante eine Wiedervereinigung. Alle Familienmitglieder in Frankreich wollten zu den drei Schwestern in die USA umsiedeln. Doch kurz bevor es so weit war, erlitt der Vater einen Schlaganfall und starb. Ganz plötzlich, ohne jede Vorwarnung. Er war einfach tot. Und sie wurde Nonne. Der große Familientraum der Wiedervereinigung war damit begraben.

Schwester Định Nghiêm war im Krieg aufgewachsen und musste ausgerechnet im Frieden die härteste Lektion ihres Lebens lernen: dass Glück nicht mit äußeren Umständen kommt, sondern erlernt und wie ein Muskel trainiert werden muss. Viele Menschen, die einiges durchgemacht haben oder deren Vorfahren einiges durchmachen mussten, haben es nie gelernt. Sie selbst beschloss, Glücklichsein im Kloster zu lernen, weil sie im Zweifel ja noch den Tod ihrer Mutter und ihrer drei Schwestern verkraften müsse, die alle älter seien als sie und entsprechend vor ihr sterben könnten.

Im Raum lachten alle über diese bittere Pointe, auch ich, denn ich fühlte mich ertappt. Auch in meiner Familie gelingt es uns Jahrzehnte nach dem Krieg kaum, uns an eine friedliche Normalität anzupassen. Glück im Sinne einer angstfreien Entspanntheit, einer tiefen, inneren Zufriedenheit – das kennen wir nicht. Glück stellt sich nicht einfach ein, weil um uns herum Frieden, Freiheit und Gerechtigkeit herrschen.

Denn, und das ist für mich die zweite, bittere Wahrheit: Mit der Ruhe kommt oft auch der Schmerz. Kein akuter Kampf kann mehr von der angerichteten Zerstörung ablenken, auch wenn sie weit zurückliegt. Ich glaube nicht, dass ich diese tiefe Trauer über meine verkümmerten Wurzeln jemals gespürt hätte, wenn ich nicht eine Woche innegehalten hätte. Ich brauchte diesen geschützten Raum, um mit dem aufkommenden Schmerz nicht zu verzweifeln, sondern meinen Weg heraus zu finden. Ruhe und Schmerz liegen nah beieinander. Sie wieder voneinander zu trennen ist ein Prozess, den ich allmählich mit dir teilen kann.

Keine Sorge, ich bin nach wie vor nicht religiös, und ich will erst recht nicht anderen Menschen irgendwelche religiösen Praktiken aufschwatzen. Nur als du geschrieben hast, wie du ausgerechnet hier, fernab von der Katastrophe, umgeben von Freiheit und Gerechtigkeit, so langsam an deine Grenzen gerätst, da habe ich mich wieder daran erinnert, dass ausgerechnet an diesem Ort der absoluten Ruhe, als mein Leben objektiv gut war, auch für mich mal alles auseinanderbrach.

Und dass es gut so war.

Am letzten Tag des Retreats wurden wir alle in einer gemeinsamen Zeremonie verabschiedet. Wer wollte, konnte einen buddhistischen Namen annehmen. Ich war diesmal bereit für den Schritt und könnte nicht glücklicher über meinen Dharmanamen sein: Ich heiße wieder Vân. Nguyên Từ Vân.

Umarmung,

Vân

***

حبّي ڤَن،

als ich deinen letzten Brief las, spürte ich, dass etwas erfüllt ist. Ich könnte auch sagen, mir scheint, ich müsse dir nicht mehr schreiben, deine Briefe nicht mehr kommentieren, meine Ängste nicht mehr schildern und keine Antworten und Assoziationen mehr suchen. Dein Brief hat so viel Ruhe ausgestrahlt, dass Befürchtungen außen vor bleiben können und wir uns ab jetzt von Angesicht zu Angesicht austauschen können. Wir haben uns eine Grundlage geschaffen, die die schweren Geschichten tragen kann, die wir mit uns herumschleppen. Hätten wir diese in Alltagsgesprächen aufgeworfen, hätten sie unsere Beziehung vor allem am Anfang zu sehr beschwert. Unsere Grundlage musste sich erst festigen, um tragfähig zu werden.

Und doch muss ich noch einmal auf etwas zurückkommen. Seit gestern kann ich deine Frage «Wie geht es dir?» nicht beantworten, jene Frage, die du nur ungern wiederholst, weil sie dadurch immer unangenehmer wird. Aber wegen meines beharrlichen Schweigens wiederholtest du die Frage nach meinem Befinden alle paar Minuten nervös. Jetzt und hier kann ich dir antworten. Ich stehe neben dir in einem ICE, weil wir keinen Sitzplatz gefunden haben. In einem Gepäckbereich haben wir unsere Laptops aufgeklappt und tippen im Stehen. Beim Schreiben kann ich dir etwas erzählen. Du verlangst ja immer, dass ich dir etwas erzähle, wenn wir kochen, wenn wir spazieren gehen, wenn wir zusammen arbeiten und bevor wir einschlafen. Wie müde ich auch sein mag, möchtest du, dass ich dir etwas erzähle, und auch ich möchte, dass wir uns Geschichten erzählen, sie neu ordnen und neu ansehen, indem ich meine mit deinen Augen betrachte und umgekehrt.

Als ich gestern in Braunschweig aus dem Hotel ging, um dir nachzukommen, habe ich deine Warnungen vor dem Wetter nicht ernst genommen. Vor der Tür war es mir, als sähe ich zum ersten Mal seit zehn Jahren Regen. Zwar hatte ich die letzten Jahre versucht, mich mit dem Regen auszusöhnen, und das einigermaßen geschafft. Aber in diesen Sekunden prasselte der Regen wie ein Wasserfall auf mich herab und verwandelte die vorher sonnengetrockneten Gassen in Bäche, die ins Stadtzentrum strömten und Busse, Straßenbahnen und Fahrräder fluteten. Nach zwei Minuten war ich wieder in meinem Zimmer, durchnässt und zitternd, aber nicht vor Kälte, sondern wegen der Erinnerungen. Sie waren noch stärker als damals im Zelt in Südfrankreich, ich sah nun deutlich das tiefe Tal an der syrisch-jordanischen Grenze vor mir, die nassen Pinienbäume, an denen unsere Sägen scheiterten. Ich sah den Wald und wünschte, er würde verbrennen, nur damit das Baby nicht erfriert. Wir wären mitverbrannt, aber ich wollte, dass wir halb erfrorenen Menschen uns wärmen könnten. Ich weiß nicht, ob ich dir das schon einmal gesagt habe, aber im Koran werden die Höllenqualen der Ungläubigen als klirrende Kälte beschrieben, als würde man in Kälte verbrennen! Was für ein Gedanke!

Ich hätte in meinem Zimmer bleiben können, anstatt dir nachzukommen, aber ich wollte mich diesen Erinnerungen nicht ausliefern, die mich von einem Moment auf den anderen aus der Bahn werfen können. Ich föhnte meine Schuhe, zog das tropfnasse Hemd aus, das du so magst, und zog mir das andere an, das ich lieber mag, und allein das machte mich so traurig wie die Stimmung, in die mich die Erinnerungen zogen. In solchen Momenten bläht sich jedes dumme Gefühl, das ich gerade haben mag, übermäßig auf. Ich wollte schreien, ich wollte die Hotelmitarbeiterin anschreien, die ohne anzuklopfen hereinkam, um wegen des Platzregens die Fenster zu schließen, ich war wütend auf das WLAN, das nicht funktionierte, und auf das deutsche Fernsehen. Ich hatte den Fernseher laufen lassen und war bei einer TV-Serie mit den üblichen Geschichten weißer Deutscher gelandet, bei denen auch ein paar Migranten mitspielen dürfen. Immer gibt es nichtweiße Darsteller:innen, aber sie spielen eine bestimmte politische oder soziale Rolle. So bleiben sie einem Stereotyp verhaftet, sie sind keine ganz normalen Menschen; das bleibt Weißen vorbehalten.

Auf dem Weg zum Theater ließ der Regen etwas nach, aber alles stand noch unter Wasser, und ich trug meine Wut von einer Straße in die nächste, von einem Stein zum anderen, zu den Autos und den Fußgänger:innen und den steckengebliebenen Straßenbahnen, bis ich bei dir war. Ich setzte mich in den Saal und sah dich auf der Bühne im Gespräch mit einem iranischstämmigen Professor, der Deutschland ganz toll fand, weil er es hier als Flüchtling zu etwas gebracht hat.[20] Als ich dich sah, beruhigte ich mich. Aber als der Professor sprach, wurde ich wieder wütend. Die Eingewanderten hätten überhaupt keine Ausrede, wenn sie hier keinen Erfolg hätten, meinte er. Mehrmals erzählte er davon, wie er als junger Mann nach Deutschland gekommen sei, die Sprache gelernt und dann Karriere an der Universität gemacht habe. Das und nichts anderes war für ihn Erfolg, und jeder Migrant, der es nicht so hinkriegte wie er, würde einfach seine Chancen nicht nutzen.

Aus seiner Position derartige Erfolgsgeschichten zu vermarkten finde ich schlimmer als rechte Parteien, vor allem, wenn es, wie bei diesem Professor, damit einhergeht, Deutschlands Großartigkeit und Überlegenheit herauszustellen und dabei Migrant:innen abzuwerten, die es hierher schaffen, aber sich nun schwertun.

Als du sein Erfolgskonzept anzweifeltest und darauf verwiest, dass für manche das bloße Überleben schon schwer sei, erzählte er wieder, wie er sein Studium trotz aller Widrigkeiten geschafft hatte, und redete etwas von Ansporn, was man selbst auf Instagram spannender nachlesen könnte.

Was uns da alles an Erfolgsgeschichten vorgehalten wird, ob von Leuten, die in der Verwaltung oder in der Lehre arbeiten, über Künstler:innen oder Autor:innen oder Social-Media-Influencer:innen oder nur brave Flüchtlinge, die ihren Nachbarn etwas kochen oder in ihrer Sprache vorsingen, als wären wir hier in einem Zirkus und müssten der Gesellschaft beweisen, dass wir singen oder tanzen oder kochen können! Wenn der Westen sich von so etwas blenden lässt, dann werden wir uns nicht integrieren, sondern einen Blick bestärken, in dem wir weniger entwickelte Wesen sind.

Nach eurer Diskussion hatte meine Wut einen Sinn bekommen, und ich lenkte sie auf die klischeebehafteten Vorstellungen von Flucht und Migration. Jede eingewanderte, geflüchtete oder nichtweiße Person wird von einem Menschen mit eigener Geschichte und eigenem Lebensstil und persönlichen

Zielen plötzlich einer einheitlichen Gruppe zugeordnet und danach bewertet, was sie in der neuen Gesellschaft für diese Gesellschaft umgesetzt hat, sodass dieselben Vorurteile immer wieder reproduziert werden, auch wenn das, was sie tun, nichts damit zu tun hat, was die weiße Gesellschaft politisch und gesellschaftlich von ihnen verlangt. Solange das so ist, wird es keine Integration geben. Solange bleibt die Annahme, dass die anderen anders sind und man sich zu ihnen nur wie in einem kalten Krieg verhalten kann. Alles, was wir im Leben leisten und denken, verwandelt sich so in einen Kampf, in dem die eigene Identität und Integrationsfähigkeit und die eigenen Werte unter Beweis gestellt werden müssen. Infolgedessen reagieren wir mit denselben Mitteln der Verallgemeinerung, der Erwartungshaltung und der Vorurteile auf die ganze weiße Gesellschaft.

Nach der Veranstaltung und nachdem ich mich beruhigt hatte, indem ich meine Wut auf den Professor projizierte, saßen wir zusammen mit ihm im Restaurant. Ich sah ihn an und meine Wut verwandelte sich in Mitleid. Jahrzehntelang rannte er herum, um zu beweisen, dass er das Leben hier wahrhaft verdient hat und nun vielleicht, möglicherweise, auf einer Stufe mit dem weißen Mann steht, der ihm das Abendessen bezahlt.

Hinter uns im Zug sitzen zwei Frauen, die sich in libanesischem Dialekt unterhalten. Sie sprechen über uns und machen sich ein wenig rassistisch und ein wenig missgünstig über uns lustig. Ich will sie nicht in Verlegenheit bringen, indem ich mich zu ihnen umdrehe und sie auf Arabisch anspreche. Offenbar ahnen sie nicht, dass ich Araber bin. Ich lasse meine negativen Gefühle nicht an Schwächeren aus, die, anders als jener Professor, keinen Einfluss auf die Gesellschaft haben. Ich kann sogar lachen über das, was sie sagen, auch wenn es dich stören würde. Aber wenn sich Leute zu Wort melden, die einen Rang haben, verwandle ich mich in ein anderes Wesen, eines, das ihnen Kontra gibt, ganz gleich, ob ich mehr weiß als sie oder nicht oder ob ich bessere Argumente habe. Dann habe ich das Gefühl, es gehe um einen Existenzkampf, wenn auch nicht um meinen persönlichen, sondern die Existenz aller, die anders sind als das Leitbild, auf dem rechtes Denken beruht, auch wenn sich dessen Vertreter:innen offiziell nicht rechts verorten.

Vanessa, ich trage eine kleine Freude in mir. Das Schreiben bringt mich zu dir zurück, selbst wenn ich nicht mit dir sprechen kann, obwohl du mir die ganze Zeit gegenüberstehst.

Du bist bei mir, wir blicken auf die Welt, und in diesem Moment ist es unerheblich, was die Frau hinter mir über meine breite Statur sagt und darüber, dass ich dich ja verschlucken könnte. Bedeutsam ist nur, dass ich mich in Worte einer Sprache verwandeln kann, die du nicht verstehst, aber die du liebevoll aufnehmen kannst.

Weißt du noch, wie ich einmal zu Beginn eines Briefs fragte, ob es gute Gedichte voller Glück gibt? Dass ich mich nur an traurige erinnere, aber eines schreiben möchte?

Ich habe nun ein glückliches Gedicht geschrieben und es gefällt mir. Es ist ein Liebesgedicht. Ich dichte seit zwölf Jahren, aber das war mein erstes Liebesgedicht. Es ist für dich.

Oft versuchte ich, ein Zuhause zu sein. Ich schaffte es nie.

Ich blieb Erde.

Menschen liefen über mich hinweg, und wer bleiben wollte, grub in mir.

Eine Frau grub sich einen Bau. Sie freute sich an mir und ich freute mich an ihr. Dann ging sie wieder.

Ihr Bau wurde zu einer Grube.

Eine andere Frau fiel in die Grube, sagte: Das könnte ein Zuhause sein. Und grub weiter. Sie freute sich an mir und ich freute mich an ihr, bis sie durstig wurde und ging.

Ich rief den Leuten zu: Ich bin eine Grube, bleibt mir bloß fern!

Die Leute kamen dennoch, gruben sich Zimmer und gingen wieder. Sie gingen nur, wenn sie durstig wurden.

Bis ich von all dem Graben ein Abgrund wurde. Jetzt kam mir niemand mehr nahe.

Eine Frau fiel versehentlich hinein. Sie wollte sich nicht einrichten, sie wollte nichts von diesem Ort. Sie versuchte herauszukommen, sie schaffte es nicht. Wütend stampfte sie mit ihrem Absatz auf mich, den Abgrund. Da sprudelte Wasser.

Es spülte sie nach oben, aber anstatt mich zu verlassen, begann sie zu trinken. Sie trank all die Schritte, die man mit mir gegangen war, die Geschichten, die die Hände in mir gegraben hatten, sie trank all die Liebe, die in mir war, und gab sie mir zurück; klar und rein.

Nun bin ich eine Oase für die Frau, die in meiner Liebe ertrinkt.

حُب

مرّات كثيرة جربت أن أكون بيتًا، ودائمًا فشلت.
كنتُ أرضًا.
يدخل الناس حياتي بخطاهم، ومن يريد أن يبقى؛ ينبش في الأرض.
تحفر امرأة جحرها، تفرح بي وأفرح بها. إلى أن تغادر فيصبح الجحر حفرة.
تسقط امرأة أخرى وتقول: هذا جحر يصلح أن يكون بيتًا، فتحفر أكثر وتوسع الجحر. تفرح بي، أفرح بها. إلى أن تعطش فتغادر.
أصرخ بالناس: أنا حفرة فلا تقربوني!
يدخل الناس بإرادتهم، يحفرون غرفهم ويغادرون. يغادرون فقط لأنهم عطشى.
إلى أن جعلني كل النبش هاوية، فلا يقربني أحد.
سقطت امرأةٌ في الهاوية دون إرادتها، لم تحفر مكانها في تلك الأرض، لم ترد مكانًا هناك. حاولت الخروج ولم تستطع. ضربت القعر بكعبها غضبًا؛ فانبجس الماء.
رفعها الماء للأعلى لكنها لم تخرج، كانت تشرب كل الخطى التي مرت بالأرض، كل الأيدي التي نبشت ترابها وحفرت حكاياها، لقد أخذت كل حبهم وأعادته لي صافيًا عذبًا.
أنا الآن بركة لامرأة تغرق حبًا بي، وتشرب كلّ الحب الذي مرّ في حياتي السابقة.

Epilog
Dezember 2023 – Januar 2024

Lieber Ahmad,

vor einigen Tagen wurde im sächsischen Pirna, einer 40 000-Einwohner:innen-Stadt, ein AfD-Kandidat zum Oberbürgermeister gewählt. Im Juni wurde bereits ein AfD-Politiker in Thüringen Landrat, kurz danach ein weiterer in Sachsen-Anhalt Bürgermeister, nun also Pirna. Die ersten beiden lokalen Wahlerfolge konnte ich noch verdrängen, ebenso wie die Umfragewerte in diesem Jahr und die Einstufung verschiedener AfD-Landesverbände als rechtsextrem. Man gewöhnt sich an diese Art von Nachrichten.

2017, als die Partei erstmals in den Bundestag einzog, war das noch anders. Ich fuhr aus einem spontanen Impuls heraus zum Gebäude, in dem die AfD-Wahlparty stattfand, und stellte mich in die buhende Menge auf der Straße. Ich blieb ganz still, schaute nach oben auf den Balkon, versuchte, Gesichter zu erkennen. Ich war erst einige Monate im Beruf und verwarf in dieser Menschenmasse meine Pläne, mittelfristig in die Asienberichterstattung zu gehen. Was auf diesem Balkon über uns geschah, fühlte sich drängender an, existenziell. Ich wusste, dass ich mich den Veränderungen widmen musste, die sich vor meiner Haustür abspielten, sei es nur durch kritische Beobachtung. Und so schrieb ich gegen den Rechtsruck an, ich startete einen Podcast, erarbeitete neue Erzählweisen.

Eine Weile lang schien es, als würde sich eine Art Gegenöffentlichkeit bilden. Die Black-Lives-Matter-Bewegung wuchs auch in Deutschland, mit dem Rücktritt des ehemaligen Fußballnationalspielers Mesut Özil politisierten sich viele Menschen und teilten ihre Rassismus-Erfahrungen. In allen Ecken des Landes entstanden Initiativen, Bündnisse und Podcasts. Nun war ganz selbstverständlich von «Rassismus» die Rede und nicht wie vorher etwa von «Fremdenfeindlichkeit». Konzerne starteten Diversity-Kampagnen und buchten Sensibilisierungsworkshops. Veränderung war greifbar und ich war stolz, ein Teil davon zu sein, auch wenn es hieß, mich zur Zielscheibe für rechte Hetzer zu machen. Es entstand ein neues Selbstbewusstsein, vor allem unter jenen, die sich lange nicht gesehen fühlten. Ich spürte Experimentierfreude, eine aufrichtige Neugierde aufeinander und gegenseitiges Wohlwollen.

Nun geht 2023 zu Ende und von der Aufbruchstimmung ist nur noch wenig zu spüren. Die neuen Gesichter sind zwar noch da, aber die reaktionären Kräfte scheinen stärker. Interessiert es überhaupt noch irgendwen, dass die AfD immer mehr Parlamentssitze gewinnt? Nicht an sich reißt – gewinnt. Dass sie zur Volkspartei anschwillt? Sind Umfrage- und Wahlergebnisse nicht vielmehr zu einer Tickermeldung unter vielen geworden? Das Entsetzen scheint aufgebraucht, ebenso wie die Energie für Widerstand, und wie das bei sozialen Bewegungen so ist – irgendwann werden viele auch von inneren Kämpfen lahmgelegt.

Wir sprechen selten über deutsche Innenpolitik, vor allem seit im Nahen Osten wieder ein Krieg ausgebrochen ist und Fragen nach der deutschen Staatsräson, der Gültigkeit universeller Menschenrechte und der Meinungsfreiheit alles andere verdrängen. Aber es ist mir ein Bedürfnis, spätestens jetzt mit dir nicht nur über Entwicklungen weit weg zu sprechen, sondern über die immer enger werdenden Räume in dem Land, in dem wir leben, weil ich mich zunehmend ernsthaft frage, was aus mir und dir hier werden soll.

Ich schäme mich fast, es auszusprechen, weil diese Aussage schon so häufig fiel und ich mich nie einreihen wollte in diesen mahnenden Chor, der einer Kapitulation gleichkommt, aber: Ich fühle mich so fremd wie nie in diesem Land, ich bin so enttäuscht und unsicher, aber ich weiß auch nicht, was ich mit diesen Gefühlen soll. War ich damals naiv, als ich glaubte, die Gesellschaft habe dazugelernt und ich könne hier in Sicherheit leben und irgendwann aufhören, für mein Existenzrecht zu streiten, und zur Abwechslung mal ganz andere Lebensziele verfolgen? Ist es nur noch eine Frage der Zeit, bis ich für meine Naivität bestraft werde? Nicht mehr nur durch Hassnachrichten und Drohungen, sondern … ich will eigentlich gar nicht weiterdenken.

Heute erhielt ich eine Nachricht, die ich dir nicht gezeigt habe. Es war wahrscheinlich eine Reaktion auf einen meiner Fernsehauftritte. «Was reißt du hier dein asiatisches Maul so auf», schrieb diese Person. «Du kannst dich gern in dein Land oder das deiner Vorfahren zurück verpissen.» Ich sei eine «hohle Larve ohne Kultur, ohne Zugehörigkeit».

Gibt es einen Punkt, an dem man weiß, dass man loslassen und gehen sollte? Aber wohin?

Das Heim, in dem ich aufgewachsen bin, ist inzwischen abgerissen. An seiner Stelle klafft eine Baulücke. All meine negativen Erinnerungen daran liegen jetzt in Trümmern. Den letzten Besuch stattete ich ihnen unverhofft im letzten Sommer ab, weit im Osten Berlins, in Hohenschönhausen.

Die Künstlerin Sung Tieu organisierte dort Begehungen in einem Gebäudekomplex, der in den Achtzigern Tausenden vietnamesischen Vertragsarbeiter:innen als Wohnheim diente und inzwischen leer stand und auf den Abriss wartete. Tausende kleine Ein-Zimmer-Apartments, in denen Tausende Menschen ein neues Leben starteten, Communitys und Familien gründeten und sich vor den ganzen Rechtsradikalen der Neunziger zurückzogen. Manchmal war mir, als liefe ich durch mein Heim in Pfarrkirchen, so sehr erinnerten mich die kahlgelegten Betonwände und Fenster ohne Fenstergläser daran, und manchmal schmerzte es mich, wenn Sung Tieu von ihren Erinnerungen dort erzählte, wie sehr alle einander unterstützt hatten, wie viele Kinder es gab und wie sie miteinander spielten, weil das Erfahrungen waren, die ich nicht teilte. Dennoch fühlte ich mich mit ihr verbunden, ich fand meinen Ort in ihrem Ort und war dankbar, dass diese Art von Begegnungen möglich sind. Sie erlaubte mir einen Abschied.

Bevor die Besuchergruppe wieder auseinanderströmte, hielt ich auf den verwilderten Grünflächen um den Gebäudekomplex Ausschau nach vietnamesischen Kräutern oder Gemüsepflanzen. Wo auch immer meine Eltern ein Stückchen Erde fanden, an Hausmauern oder unbeachteten Seitenstreifen, hatten sie Koriander, Thaibasilikum oder Wasserspinat ausgesät. Es war ihre Art, hier Wurzeln zu schlagen, und von meinen Balkonpflanzen weiß ich, dass einige im nächsten Jahr wiederkommen. Doch ich fand keine solchen Spuren. Waren sie verschwunden oder nie da gewesen?

Hab ich dir eigentlich erzählt, dass ich an einem meiner letzten Tage in Plum Village extra früh aufstand, um halb vier Uhr morgens? Mit einer kleinen Gruppe schmierte ich Brote, dann wanderten wir auf einen nahegelegenen Hügel. Um kurz vor fünf erreichten wir den höchsten Punkt und gingen auf ein Holzdeck, wo schon einige Mönche mit dampfenden Grüntee-Tassen saßen. Den Anblick werde ich nie vergessen: In glühendem Orange stieg die Sonne auf und weckte die nebelgetränkten Wälder im Tal, die Vögel, die glitzernden Grashalme und die Baumwipfel unter uns. Wir hielten inne und ich wollte an keinem anderen Ort der Welt sein.

Seither habe ich so eine große Sehnsucht nach Natur und Abgeschiedenheit. Ich bin gerade nicht gern ein Mensch, wenn der Mensch das Gegenstück zur Natur sein soll, wenn «Larve» eine Beleidigung sein soll. Ich habe keine Energie mehr, um meine oder anderer Menschen Menschlichkeit zu beweisen. Ich weiß nicht, was ich noch sagen und schreiben kann. Wie konnten wir wieder an den Punkt gelangen, an dem die Existenz von Menschenleben, die uns anders erscheinen, verhandelbar ist? An dem es viele neue ausgeklügelte Formulierungen und Strategien für «Ausländer raus» gibt? An dem die Zahl der Abschiebungen wie Ergebnisse der Olympischen Spiele behandelt werden: Hauptsache, schneller, besser, mehr. Der eine hasst den anderen und ich … schweige.

Ich war lange mit einem Grundmisstrauen durchs Leben gegangen und habe mich immer gefragt, ob mein Gegenüber sich im Zweifel für seine Werte oder für seine Bequemlichkeit entscheiden würde. Bei den meisten war ich mir sicher, dass Letzteres zutreffen würde, dass sie sich aber zumindest entschuldigen und rechtfertigen würden. Mit ihnen pflegte ich einen freundlichen Umgang, mehr nicht. Es war vor allem ein Bauchgefühl, die Grenze verlief in der Regel aber auch entlang plumper, struktureller Kriterien. Ich misstraute zum Beispiel mit sehr hoher Wahrscheinlichkeit Menschen, die in stabilen bis privilegierten ökonomischen Verhältnissen aufgewachsen sind und etwas zu verlieren hätten. Bei Hautfarbe war ich nicht so streng.

In den vergangenen Jahren wurde ich jedoch nachlässiger. Ich sortierte Menschen nicht mehr automatisch in vertrauenswürdig oder nicht vertrauenswürdig, sondern versuchte, die Komplexität einer jeden Persönlichkeit wahrzunehmen und meine eigenen Klischees zu hinterfragen. Man könnte auch sagen: Ich öffnete mich – weil ich dachte, dass sich die Gesellschaft mir öffnete. War das ein Irrglaube? Werde ich für meine Entspannung zahlen müssen? Manchmal registriert der Körper Gefahren schneller als der Verstand, und ich merke, wie er mich wieder in meinen alten Misstrauensmodus drängt. Es gefällt mir nicht.

Ich möchte mich auf den Boden legen. Die Handflächen auf den Boden legen. Teil dieses Bodens sein, dieses warmen, atmenden, anderen Universums. Mich nicht regen. Ich möchte etwas auf diesem Boden wachsen sehen, das nicht gleich wieder eingeht, vielleicht einen kleinen, nach Leben dürstenden Trieb.

Deine Vanessa

***

حبيبتي فانيسا،

es tut mir leid, dass du immer noch rassistische Belästigungen ertragen musst, dass sie nicht aufhören. Es tut mir leid, dass du keinen Ort findest, an dem du dich zugehörig fühlst, um diesem Unsinn zu entfliehen. Es tut mir leid, dass das Land, in dem du geboren wurdest und aufgewachsen bist und dem du so viel gegeben hast, immer noch unfähig ist, dir, seiner Tochter, und uns allen, die dorthin eingewandert sind, ein Gefühl der Sicherheit zu vermitteln. Aber ich bin immer noch stolz auf dich, dass du nicht aufgegeben hast und dich nicht in Komfortzonen von Menschen zurückgezogen hast, die dir ähnlich sind, sondern weiterhin aktiv in allen Gesellschaftskreisen bist, dich ins Rampenlicht und in die Medien stellst, um eine Vision zu vermitteln, die rassistische Ideen widerlegt.

Weißt du, was mich am meisten stört an jenen, die versuchen, völkisch-nationalistische Ideen zu normalisieren und behaupten, dass dieses Land uns Migrant:innen ja Sicherheit und Freiheit bietet? In den letzten Monaten habe ich mein Leben in Deutschland als viel unsicherer empfunden als in Syrien, trotz des Krieges dort, trotz willkürlicher Verhaftungen und Hinrichtungen. In Ländern, die unter Diktaturen oder Krieg leiden, kann man manchmal den Granaten entkommen, indem man an sicherere Orte flieht, und man kann der Diktatur auf viele Arten ausweichen oder weiß zumindest, dass man einen klaren Feind hat. Man kennt dessen Tricks und lernt mit der Zeit, ihm zu widerstehen. Aber hier in Deutschland kann ich keinen klaren Feind ausmachen, stattdessen sehe ich eine Gesellschaft, die Demokratie, Gleichheit und Meinungsfreiheit vorgibt, aber gleichzeitig in der Lage ist, einen von innen heraus zu zerstören, Freiheiten einzuschränken und ganze Existenzen durch Verleumdungskampagnen und haltlose Unterstellungen zu vernichten. Noch bevor diese Anschuldigungen bewiesen werden, hast du bereits einen Job verloren und das Leben, das du hier aufgebaut hast. Dafür bedarf es keines fairen Gerichtsverfahrens und keiner transparenten Diskussion. Dies bereitet mir ein Gefühl der Unsicherheit, es fühlt sich an wie ein Guerillakrieg, der das Gesetz ignoriert oder damit spielt. Rechtsextreme nutzen jede Gelegenheit, nichtweiße Perspektiven und alle Personen, die nicht an ihre Ideen glauben, auszuschließen und zu eliminieren, mit dem Schweigen und sogar der Billigung der Mehrheitsgesellschaft.

Ich hatte beim vorherigen Absatz aufgehört weiterzuschreiben, da ich mich unfähig fühlte, mehr über die Veränderungen in den deutschen Medien und der Politik bezüglich des Krieges im Gazastreifen zu sprechen und wie willkürliche Maßnahmen viele vernünftige Stimmen ausschließen und einen fruchtbaren Boden für die Zunahme von Antisemitismus bilden. Aber wie ich dich früher gebeten habe, wollen wir in unserem täglichen Leben nicht über diesen Krieg sprechen, um psychische Rückfälle zu vermeiden. Ich fühle, dass ich Grenzen setzen muss, um Panikattacken zu vermeiden. Ich dachte, ich würde dir nie auf deinen Brief antworten. Aber gestern veröffentlichte Correctiv einen investigativen Bericht mit dem Titel «Geheimplan gegen Deutschland»[21], und ich konnte nicht glauben, was ich las.

Ich dachte zuerst, es liegt an meinem Deutsch, dass ich nicht ganz verstehe, was vor sich geht, und ich die Dinge überdramatisiere. Ich habe den Bericht dann durch ChatGPT laufen lassen, und das Ergebnis war noch schlimmer, als ich dachte: Es ist ein Plan von Politiker:innen, Intellektuellen, Wissenschaftler:innen und Vermögenden, alle, die nicht «echte» Deutsche sind, aus Deutschland zu vertreiben! Der investigative Bericht liest sich wie ein Drehbuch mit aufeinanderfolgenden Szenen, und ich hörte deine Sorgen lauter als in deinem vorherigen Brief. Ich dachte, du übertreibst in deiner Sicht auf das, was in Deutschland passiert, aber es scheint, dass die Rechtsextremen ihre Bündnisse und Grundlagen gut ausgebaut haben durch die Krisen der letzten Jahre, von der Corona-Pandemie über den Ukraine-Krieg bis hin zur wirtschaftlichen Inflation und jetzt dem Krieg im Nahen Osten.

In dem Film «Die Ehe der Maria Braun», den ich vor einiger Zeit gesehen hatte und der die Entwicklung Deutschlands im Allgemeinen und wirtschaftlich im Besonderen nach dem Zweiten Weltkrieg widerspiegelt, war die Figur Maria, die das neue Deutschland repräsentiert, emotional mit der Vergangenheit verbunden, ihrem Mann Hermann, von dem gesagt wurde, er sei im Krieg gefallen, aber er überlebte. Obwohl ich über diese Beziehung in den Artikeln, die ich über den Film gelesen hatte, der Ende der Siebzigerjahre erschien, als der Symbolismus im Kino noch populär war, nichts dazu finden konnte, stellt Hermann für mich die deutsche Vergangenheit dar, die das moderne Deutschland immer begleitete. Er war jedoch immer weit weg, sei es im Krieg, im Gefängnis oder in Kanada. Als er schließlich zu Maria zurückkehrt und ihr am Ende des Films von Angesicht zu Angesicht gegenübersteht, explodiert das Haus oder sie begeht Selbstmord mit ihm, das bleibt unklar. Am Ende stirbt jedenfalls Maria, das moderne Deutschland, zusammen mit Hermann, ihrer Vergangenheit – für mich aufgrund ihrer Bindung an diese Vergangenheit und der fehlenden Aufarbeitung dieser tief verwurzelten Beziehung. Als ich den Correctiv-Bericht las, dachte ich, dass das, was geschieht, ein Zusammenprall mit der Vergangenheit ist, die zurückkehrt, um das moderne Deutschland zu treffen … und jetzt sehen wir die Explosion?

Der Westen hat nach dem Zweiten Weltkrieg seine Konflikte und Schuldgefühle über Jahrzehnte in den Nahen Osten verlagert, sei es durch den Export von Waffen oder die Beteiligung an tatsächlichen und nicht metaphorischen Kriegen, sodass die westlichen Länder sauber von Blut und den Spätfolgen des Zweiten Weltkriegs bleiben. Und jetzt versucht die extreme Rechte, diese Kriege auf alle Migrant:innen in Deutschland auszudehnen, und laut dem Bericht auch auf diejenigen, die die deutsche Staatsbürgerschaft, aber nichtdeutsche Wurzeln haben, sogar auf Menschen wie dich, die hier geboren wurden! Ich denke, die Deutschen müssen aufhören, ihre Probleme auf andere zu projizieren, und sich stattdessen ihrer Vergangenheit stellen, sie analysieren und lernen, damit umzugehen, so wie auch wir uns mit unserer Vergangenheit und dem auseinandersetzen müssen, was wir von Kriegen, Ideologien und Diktaturen erben. Aber vielleicht ist es zu spät, die Vergangenheit zu analysieren, und jetzt stehen wir einer rechten Macht gegenüber, von der ich nicht weiß, ob es noch möglich ist, ihre Pläne aufzuhalten.

Ach ja, zum Thema Deutsche mit nichtdeutscher Herkunft: Ich wusste nicht, dass Adolf Hitler Österreicher war, bis ich an Weihnachten mit einem befreundeten Historiker einen Ausflug nach Braunau machte, was nur ungefähr eine halbe Stunde von deinem Elternhaus entfernt lag. Wir parkten in Simbach am Inn und überquerten zu Fuß die Brücke, die Deutschland und Österreich trennt. In Braunau hielten wir an einem gelben Haus mit einem großen Felsblock davor, auf dem die Worte «Für Frieden, Freiheit und Demokratie / Nie wieder Faschismus / Millionen Tote mahnen» graviert waren. «Das ist Hitlers Geburtshaus!», sagte der Freund. Das Haus steht noch. Hitler sei gebürtiger Österreicher und es sei nicht einfach für ihn gewesen, Deutscher zu werden, erst beim siebten Anlauf habe es mit dem deutschen Pass geklappt. All diese Informationen waren schockierend genug, um mein Verständnis des Nationalsozialismus neu zu überdenken und jene psychischen Komplexe, die einen feindselig gegenüber anderen machen können. Als wir über die Brücke zurück zum Auto gingen, kamen zwei Polizisten auf uns zu, die sich auf deutscher Seite versteckt hatten – ausgerechnet am 26. Dezember, als alle Straßen wegen des Feiertags leer waren. Mein Freund ist Deutscher, er wird aber manchmal für einen Türken gehalten, und neben mir sah es wahrscheinlich so aus, als wären wir zwei Ausländer, die versuchten, sich nach Deutschland einzuschleichen. Sie fragten nach unseren Ausweisen, und ich fand die Situation unfreiwillig komisch: Hätten Grenzpolizisten Hitler im letzten Jahrhundert an der Einreise gehindert, wäre dies der größte Erfolg von Grenzen und Rassismus in der Geschichte gewesen.

Ich liebe dieses Land, weil ich in den letzten sieben Jahren hier ein reiches und vielfältiges Leben aufgebaut und herzliche Beziehungen geknüpft habe. Deshalb möchte ich mein Leben hier mit dir aufbauen. Ich möchte nicht die Last all dieser innenpolitischen Krisen tragen, denn ich habe eigene Anliegen, für die ich leben und kämpfen möchte. Dieser Kampf gegen Rechts ist nicht mehr meiner. Es sollte auch nicht der Kampf der Migrant:innen und Geflüchteten sein. Es ist die Aufgabe der Menschen hier, sich gegen die rechtsextreme Bedrohung und ihre Auswüchse zu stellen. Viele von ihnen haben zu lange nichts unternommen, um den Hass auf uns zu stoppen, und jetzt wächst ein Monster, das auch ihr Leben zerstören könnte. Es ist an ihnen, diesen Kampf zu beginnen und anzuführen.

Ich erinnere mich gut an deinen starken Wunsch, mal in Asien zu arbeiten. Dieser Wunsch tauchte ab und zu wieder auf, und ich wusste, dass ich mich diesem Wunsch nicht entgegenstellen würde, nicht einmal mit einem Wort. Aber vor allem zu Beginn machte mir Angst, dass der Wunsch zu einer Entscheidung werden könnte, wie es in meiner früheren Beziehung passiert ist. Dass ich meine Partnerin verliere, nur weil ich nicht das Recht habe, zu reisen und sie zu besuchen. Für mich bedeutet Heimat nicht ein Stück Land oder eine Stadt. Ich verspüre nicht das Bedürfnis, für ein Heimatland zu kämpfen. Ich will das nicht mehr. Heimat ist der Ort, an dem wir ein Zuhause aufbauen können. Und jetzt sage ich es zum ersten Mal hier: Wenn du immer noch nach Asien auswandern möchtest, dann solltest du das tun. Jeder muss den Ort oder die Heimat oder den Raum finden, in dem er sich sicher fühlt. Bis dahin liebe ich unser Zuhause in Berlin, die Stadt, die ich kaum geliebt habe, aber die jetzt mein Zuhause ist.

Ahmad

***

Lieber Ahmad,

ich wusste gar nicht, dass dich mein alter Wunsch umtreibt, nach Asien zu gehen. Durch die Veröffentlichung der erschreckend fortgeschrittenen rechten Deportationspläne denken viele meiner Freund:innen und Bekannten wieder laut darüber nach, Deutschland den Rücken zu kehren. Es ist nicht das erste Mal nach den ganzen rechtsextremen Anschlägen und dem Schweigen danach. Auch alltägliche rassistische Angriffe haben viele zermürbt. Nicht, dass es jemals besser war, aber der Frust wurde größer, je mehr sich viele hier bewiesen und organisiert haben und doch nicht richtig gehört und ernst genommen wurden. Wenn ohne Not Abschiebungen «im großen Stil» gefordert werden und selbst linke Parteien sie versprechen und den rechtlichen Weg dafür ebnen. Wenn bei politischen Gegner:innen plötzlich der Entzug der deutschen Staatsbürgerschaft erwogen wird.

Was mir nahegeht, ist, dass es nun nicht mehr nur vereinzelte, besonders politisierte Stimmen sind, die von gepackten Notfallkoffern erzählen. Es sind auch nicht mehr nur zaghafte Gedankenspiele. Ich höre immer häufiger auch von eher unpolitischen Menschen, dass es sich gar nicht lohne, in Deutschland eine Wohnung oder ein Haus zu kaufen, weil die Zukunft hier zu unsicher sei. Manche haben sich bereits eine Bleibe in einem anderen Land gesichert oder sehen sich um. Andere suchen erstmal nur das Gespräch mit ihren Familien und besprechen mögliche Exit-Pläne. Auch ich kann mich immer konkreter werdenden Auswanderungsfantasien nicht entziehen. Jedes Mal, wenn die Politik darin versagte, rassistisch motivierte Verbrechen aufzuklären oder Minderheiten stärker zu schützen, zerbrach etwas in uns.

Aber wenn ich ernsthaft darüber nachdenke, komme ich immer wieder zu dem Punkt, dass ich nicht wegwill. Nicht weil ich mich Deutschland so verbunden fühle, sondern weil ich mich den Menschen hier verpflichtet fühle. Vom Auswandern können ja nur Menschen sprechen, die erstens einen Pass haben, der es ihnen überhaupt erlauben würde, in ein anderes Land zu ziehen, und die zweitens über eine gute Ausbildung oder Ersparnisse verfügen, die es ihnen erlauben würden, in diesem anderen Land Fuß zu fassen. Zu diesen Menschen zähle ich zwar – aber was ist mit all jenen, die aus politischen, ökonomischen, gesundheitlichen oder familiären Gründen nirgendwo hinkönnen? Also mit Menschen wie dir? Das ist ja keine abstrakte Überlegung; dieser Riss durchzieht auch unsere Beziehung. Soll ich dich zurücklassen, dich diesem Land überlassen? Was für ein irrsinniger Gedanke! Meine Eltern bekomme ich nicht mal nach Berlin, wie soll ich sie dazu bewegen, in ein ganz anderes Land zu ziehen und mit über sechzig, siebzig Jahren nochmal von vorne anzufangen?

Es gibt noch einen weiteren Grund, aus dem ich nicht woanders neu anfangen möchte, wenn ich es nicht unbedingt muss: Es ist meine Sprache. Ich schreibe. Das ist meine Identität. Ich schreibe auf Deutsch. Das ist mein wirkmächtigstes Werkzeug. Würde ich gehen, hätte ich Angst, das zu verlieren. Ich habe Vietnamesisch gelernt, um zu verstehen, woher ich komme. Das Deutsche habe ich gelernt, um zu definieren, wer ich sein möchte. Ich mag nicht, dass es ausgerechnet das Deutsche ist, das mein Denken und Fühlen durchdringt. Aber so ist das, und ich akzeptiere es nicht nur, ich verteidige es so, wie du dein Arabisch verteidigst.

Habe ich dir eigentlich mal gesagt, was für einen großen Respekt ich davor habe, dass du hier für und um deine Sprache kämpfst, dass du weiter in deiner Sprache schreibst und sie mit anderen Menschen teilst, die teilweise auch alles verloren haben außer ihren Geschichten und ihrem Durst nach Geschichten? Ich ziehe dich manchmal damit auf, dass du mehr Deutsch lernen sollst, aber ich weiß auch, dass Sprache der Ort ist, in dem wir uns finden und einfach sein können. Wenn du und ich einander wirklich verstehen, dann nicht, obwohl wir verschiedene Sprachen sprechen, sondern weil wir unseren stärksten Sprachen treu geblieben sind. «Was jemand willentlich verbergen will, sei es nur vor andern, sei es vor sich selber, auch was er unbewußt in sich trägt: die Sprache bringt es an den Tag», schrieb der Sprachwissenschaftler Victor Klemperer 1947 in «LTI», einer sehr eindrücklichen und gerade wieder erschreckend aktuellen Analyse der Sprache des Dritten Reichs. «Die Aussagen eines Menschen mögen verlogen sein – im Stil seiner Sprache liegt sein Wesen hüllenlos offen.»[22]

So fühle ich das, wenn ich dir schreibe. So spüre ich das, wenn ich dich Arabisch sprechen höre. Ich muss nicht jedes Wort verstehen, um in deiner Sprache deinen Charakter wahrzunehmen. Ich wünsche dir, dass du ihn immer behalten kannst.

Aber es ist auch gut, dass wir auf eine Sprache zurückgreifen können, die uns immer wieder irritiert. *A woman brought me back to love letters.* Das war der Betreff deiner ersten E-Mail an mich. Wie überrascht und angetan ich war, dass du mir, noch bevor wir uns je zu zweit verabredet hatten, einen *love letter*, also einen Liebesbrief schreibst! Und wie sehr wir Monate später darüber lachten, als du gar nicht wusstest, wovon ich redete, weil du was ganz anderes meintest: dass ich dich dazu gebracht hätte, wieder Briefe zu lieben, *to love ... letters.*

Ich will nicht weg. Ich will nicht aufgeben, so würde sich Weggehen anfühlen. Aber ich will einen Ort finden, an dem ich mehr inneren Frieden finde. Ich weiß noch nicht, wo dieser Ort ist oder was dieser Ort ist. Zum ersten Mal sehne ich mich nach einem überschaubaren Leben, nach bleibenden vier Wänden. Du warst irritiert, als ich im vergangenen Jahr begann, durch Anzeigen für Schrebergärten, Grundstücke oder renovierungsbedürftige Häuser im Umland zu scrollen, denn das war das Letzte, was ich mir nach einer beengten Kindheit auf dem Land für mich vorgestellt hatte. Ich fand es auch nie erstrebenswert, irgendwas zu besitzen, zumal das allermeiste für mich ohnehin finanziell unerreichbar ist. Für dich gehört ein eigenes Haus zum Menschsein, ich habe diese

Vorstellung immer nur mit Schulden und einem Abschied ins Private verbunden. Was wäre der Unterschied zum Auswandern?

Andererseits habe ich mir nie erlaubt, etwas zu schaffen, das nur für mich ist. Einen sicheren Rückzugsort. Es war dein Wunsch, nachdem du mehrmals geflohen bist. Jetzt verstehe ich ihn. Rückzug ist keine Lösung, totalen Rückzug halte ich auch weiterhin für unsolidarisch und gefährlich. Aber der Mensch ist nicht nur ein soziales Wesen, jeder Mensch hat auch etwas Eigenes und Eigensinniges. Nicht alles muss Sinn ergeben. Vor allem die eigene Existenz muss nicht bis ins kleinste Detail Sinn ergeben – das ist ja gerade die Logik, die man uns Ausgeschlossenen dieser Gesellschaft aufdrücken will: dass man sich Menschenwürde, aber auch einfach nur die pure Lust am Leben und am vermeintlich Unsinnigen verdienen muss.

Wenn mich die politische Lage in eine düstere Stimmung versetzt, schaue ich manchmal wahllos kurze Videos, meistens irgendwelche Rezepte, letztens wurde mir aber eine ansteckend fröhliche Frau angezeigt, die als «blackforager» eine alte Parfümtechnik präsentierte, Enfleurage. Dafür erntete sie eine Handvoll Blütenstände eines Flieders, zupfte die winzigen lila Fliederblüten ab und drückte sie mit den Kronblättern nach unten in eine Kastenform voll Kokosfett. Dabei tanzte sie und sang *«doing pretty things in a pretty dress»*. Die Frau war Schwarz, lebte in Ohio in den USA, hatte durch einen Filter eine rote Stupsnase und rote Backen und wirkte auch sonst sehr uneitel. Sie war einfach nur witzig und machte an einem sonnigen Tag etwas Schönes. Ich staunte, wie weit entfernt mir das Bild von nichtweißen Menschen war, die in einem weißen Umfeld – noch dazu in der Natur, der sie erst zugeordnet und dann entrissen wurden – Spaß haben. Etwas Erholsames tun. Wie kommt es, dass ich Natur und Erholung hierzulande als eine Sache für weiße Menschen empfinde? Wie kommt es, dass diese Frau dieses ungeschriebene Gesetz umgeht? Und damit 1,6 Millionen andere begeistert?

Von solchen Menschen möchte ich lernen. Ich habe viele große Denkerinnen studiert und genieße das weiterhin, aber ich möchte auch von Menschen lernen, die eine Leichtigkeit, Fröhlichkeit und Eigensinnigkeit kultivieren. Die Widerstand nicht nur politisch, sondern emotional praktizieren. Deren Widerstand vielleicht gar kein Widerstand mehr ist, sondern echte Freiheit und Unabhängigkeit. Sowas habe ich kaum aus Büchern gelernt (bell hooks bildet meine Lieblingsausnahme), und schon gar nicht aus meinem Umfeld.

Wobei – auch Letzteres möchte ich einschränken. Die Person, die mich gerade am meisten inspiriert, ist meine Mutter. Ich liebe es, wie sie sich in den vergangenen Jahren verändert hat. Als sie am meisten kämpfte, machte ich mir die größten Sorgen um sie. Nun, wo alle Kinder aus dem Haus sind, kämpft sie immer noch. Sie gewinnt aber mit ihrem Lächeln. Nicht weil sie muss, sondern weil sie will und vor allem: weil sie kann. Wenn sie mich anruft, lächelt sie mich über den Bildschirm an. Und ich lächle zurück. Wir müssen gar nicht viele Worte wechseln, in ihren weich gewordenen Gesichtszügen sehe ich, welch weiten Weg sie in ihrem Leben gegangen ist, und sie sieht, dass auch ich weit gekommen bin. Zu weit, um jetzt wegen Menschen einzuknicken, die das alles nicht sehen.

Ich habe eben meine Antwort auf deine allererste Mail an mich gesucht, die ich fälschlicherweise für einen unverhofften Liebesbrief hielt. Erinnerst du dich? Ich hatte mich, so nett ich konnte, für deine Annäherung bedankt und geschrieben, ich wüsste nicht, was ich dir gerade geben könnte, und dass ich nicht bereit sei für den freien Fall. Und doch sprang ich. Und du auch. Und jetzt? Wenn ich das wüsste.

Deine Vanessa

Anmerkungen

1. Klassenzimmer 2023/24: «Woher kommst du wirklich?», Vanessa Vu im Gespräch mit ihren Gästen: https://www.schaubuehne.de/de/seiten/klassenzimmer-2023-24woher-kommst-du-wirklich.html, zuletzt angesehen: 1. März 2024.
2. John Domokos, Freddy McConell, Ekaterina Ochagavia:The epic journey of a refugee cat to find its family, The Guardian, 2016: https://www.theguardian.com/world/video/2016/feb/19/refugee-family-who-fled-iraq-are-reunited-with-cat-video, zuletzt angesehen: 1. März 2024.
3. Vu, Vanessa: Meine Schrottcontainerkindheit, Zeit Online, 2017: https://www.zeit.de/zeit-magazin/2017-10/asylbewerber-deutschland-abschiebung-freiheit-vietnam, zuletzt angesehen: 1. März 2024.
4. Katlesh, Ahmad: Das Gedächtnis der Finger, 2020, Edition Rugerup. Übersetzung von Kerstin Wilsch.
5. Varatharajah, Sinthujan: «Universelle Zeit» ist eine koloniale Erfindung, Berliner Zeitung, 2021, https://www.berliner-zeitung.de/wochenende/sinthujan-varatharajah-universelle-zeit-ist-eine-koloniale-erfindung-li.196763, zuletzt angesehen: 1. März 2024.
6. Phương, Quốc: Nhà văn Nguyễn Ngọc Ngạn: ‹Vì sao tôi không muốn về lại Việt Nam?›, BBC News, 2021, https://www.bbc.com/vietnamese/vietnam-59093580, zuletzt angesehen: 1. März 2024.
7. Nguyen, Viet Thanh: Die Geflüchteten, 2018, Karl Blessing Verlag, S. 11–32.
8. Ngo, Phuong Lan: Modernity and Nationality in Vietnamese Cinema, 2007, NETPAC & Galangpress, S. 79.
9. The Truth lies in Rostock, Spectacle London, JAKO videocoop, Rostock, 1993, YouTube, https://youtu.be/5P21AfG6SPE?si=605hUduyClGSewcc, zuletzt angesehen: 1. März 2024.
10. Tschechow, Anton: دفاتر سرية 1921, S. 23. Eigene Übersetzung aus dem Arabischen.
11. https://taz.de/!346389/
12. Theodor-Wolff-Preis: https://www.bdzv.de/awards/theodor-wolff-preis/nominierte-texte/2018/vanessa-vu/profil, zuletzt angesehen: 1. März 2024.

13. Katlesh, Ahmad: 2020.
14. Chulov, Martin: Massacre in Tadamon: how two academics hunted down a Syrian war criminal, The Guardian, 2022, https://www.theguardian.com/world/2022/apr/27/massacre-in-tadamon-how-two-academics-hunted-down-a-syrian-war-criminal, zuletzt angesehen: 1. März 2024.
15. Vgl. https://ar.wikipedia.org/wiki/%D9%85%D8%AC%D8%B2%D8%B1%D8%A9_%D8%AD%D9%8A_%D8%A7%D9%84%D8%AA%D8%B6%D8%A7%D9%85%D9%86, zuletzt angesehen: 1. März 2024.
16. Borchert, Wolfgang: Draußen vor der Tür – und ausgewählte Erzählungen, Rowohlt, 1986, S. 65 f.
17. Beide Namen geändert.
18. Sabines, Jaime, Otra Carta. Gelesen in: قصائد مختارة (Ausgewählte Gedichte von Jaime Sabines), 2012, Nelson Verlag. Ins Arabische übersetzt und herausgegeben von Qaisar Afif, https://www.kotobli.com/en/books/12809-%D9%82%D8%B5%D8%A7%D8%A6%D8%AF-%D9%85%D8%AE%D8%AA%D8%A7%D8%B1%D8%A9, zuletzt angesehen: 1. März 2024.
19. Sr Định Nghiêm: Finding Our True Home, https://plumvillage.org/library/dharma-talks/finding-our-true-home-sister-dinh-nghiem, zuletzt angesehen: 1. März 2024.
20. Klassenzimmer, Vanessa Vu im Gespräch mit Prof. Dr. Reza Asghari, YouTube, 2023: https://www.youtube.com/watch?v=R4Czwy4cpDg, zuletzt angesehen: 1. März 2024.
21. Geheimplan gegen Deutschland, Correctiv, 2024, https://correctiv.org/aktuelles/neue-rechte/2024/01/10/geheimplan-remigration-vertreibung-afd-rechtsextreme-november-treffen/, zuletzt angesehen: 1. März 2024.
22. Klemperer, Victor: LTI. Notizbuch eines Philologen, 1947, Reclam, S. 20.

Ahmad Katlesh ist Schriftsteller. Er wurde 1988 in Damaskus geboren und studierte dort Mathematik. Nach der syrischen Revolution floh er 2013 nach Jordanien und arbeitete dort als Journalist. 2017 kam er mit einem Stipendium des Heinrich-Böll-Hauses nach Deutschland. Er veröffentlichte drei Bücher mit Kurzgeschichten und Gedichten auf Arabisch, 2020 erschien sein erstes deutschsprachiges Buch, der Lyrikband «Das Gedächtnis der Finger». Dafür verlieh die Bayerische Akademie der Schönen Künste ihm das Chamisso-Publikationsstipendium. Daneben liest er auf «Tiklam» literarische Texte für Millionen arabischsprachiger Hörer:innen.

Vanessa Vu ist Journalistin. Sie wurde 1991 in Eggenfelden geboren, ihre Kindheit verbrachte sie in einem Asylbewerberheim in Pfarrkirchen. Seit 2017 arbeitet sie als Redakteurin bei ZEIT ONLINE. In Reportagen, Essays und Analysen widmet sie sich vor allem Fragen rund um Migration, Rassismus und sozialer Gerechtigkeit. Zudem lädt sie jeden Monat ins «Klassenzimmer», eine Gesprächsreihe über Armut und Klassismus in der Schaubühne Berlin. 2018 – 2023 war sie Co-Host des vietdeutschen Podcasts «Rice and Shine». Für ihre Arbeiten wurde sie unter anderem mit dem Theodor-Wolff-Preis, dem Helmut-Schmidt-Preis und dem Lessing-Preis für Kritik ausgezeichnet.